住まい方革命

リモートワークから始める
新しい働き方、暮らし方、住まい方

谷島香奈子

プレジデント社

はじめに

二〇二〇年、今まで経験したことがない新型コロナウイルスの世界的な感染拡大により、想像もしていなかった日常がやってきました。緊急事態宣言が発令され、真っ先に影響を受けたのが私たちの「働き方」でした。

それまでは出社すること、その場にいることが正解とされていました。それが、出社をしなくても、その場にいなくても、成果を出せる体制さえしっかりとつくり上げることができれば、会社も社員も双方がＷｉｎ－Ｗｉｎの関係を築けるということに、多くの人が気づき始めたのではないでしょうか。

しかしながら、緊急事態宣言が解除された翌日から、特別な事情がなければ再び出社するように切り替えた会社も少なくありませんでした。一方で、リモートワークに大きく舵を切った会社もあり、二極化が進みました。

そして、二〇二三年五月に新型コロナウイルス感染症を感染症法上の５類感染症に位置づけることが決定され、ａｆｔｅｒ／ｗｉｔｈコロナが本格的に始まったのです。

今、私たちは今後の働き方を決める分岐点に立たされています。

リモートワークを力強く推進し自分にとって心地よい働き方をつくり上げる道を選ぶのか、それともせっかくの気づきに目を背け、コロナ禍以前の時代に逆戻りしてしまうのか。

私は、前者でありたいと思っていますし、コロナ禍をきっかけに、働き方、そして生き方について真剣に向き合うようになった仲間も増えました。今こそリモートワークを定着させるための環境は整ってきたのではないでしょうか。

リモートワークは、単に非常事態に対応するための一過性の働き方、働き方の一形態というだけでなく、私たちの生き方全般、人生そのものに大きく影響するものです。

本書を最後まで読んでいただければおわかりいただけると思いますが、「働き方」は「生き方」です。

働き方によって、生き方が変わります。自分の人生を大切にするために、「働き方を選ぶ」。それが許される時代になりました。IT技術の進歩が、業種や職種による程度の差や制限があるにしても、「会社に行かなくても仕事ができる」という、一昔前には夢物語だった働き方が可能になったのです。

それなのに、こうあるべきという固定観念に縛られて、夢のような働き方が生み出す自由を享受できないのは、私たちの〝意識〟が改革できていないからなのかもしれない。そんな思いでこの本を書きました。

自分たちの手で新しいライフスタイルを築き上げたいと思う人々の輪が少しずつ大きくなることで、自分らしい住まいで「暮らすこと」を大事にしながら「働くこと」も楽しくなって、「働楽暮（ハタラク）」に変わっていけば、私たちのこれからの社会はもっと豊かなものになると信じています。

目次

第2章

住まいと働く場所が一体化する時代がやってきた！

第3章
改革前夜の真実
誰か会社を引き受けてくれませんか?

第4章

〝わがまま〟な働き方、暮らし方を追求しよう

第5章 住まいの新しいカタチ

付録❶ それでも変われない人のために 経営コンサルタント田口氏×谷島

付録❷ リモートワークを成功させるための五つの鍵

第1章

リモートワークから始まる新しい働き方・暮らし方

case1

時間によって「働く」と「暮らし」が切り替わる空間

SOHO（Small-Office Home-Office）として、ご自宅で仕事をすることを軸に考えられた御園様邸。

時間によって、「働く」と「暮らし」が切り替わり、仕事、生活、余暇と多様なニーズに応えうる新しい住まい方です。

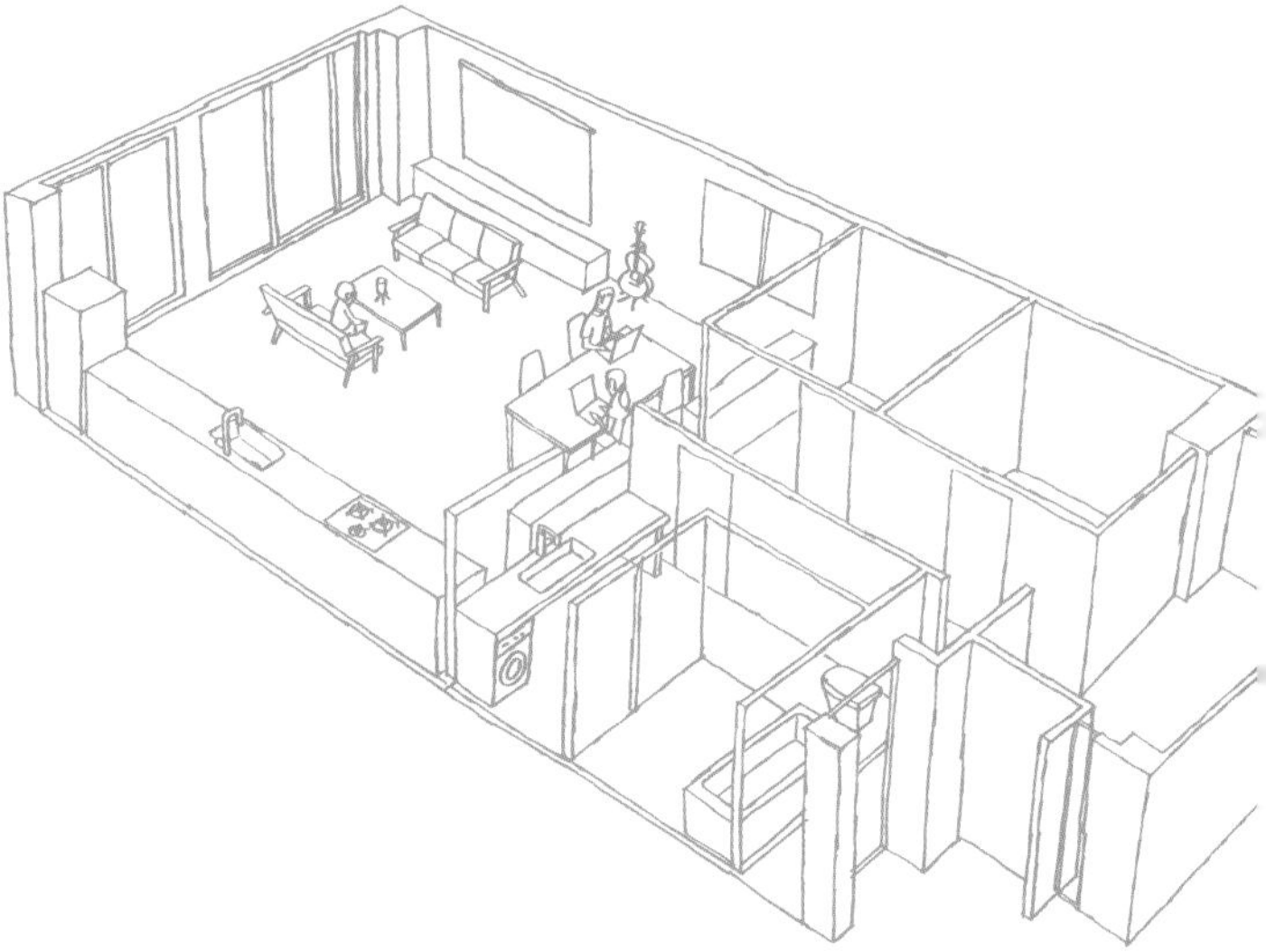

profile

御園様邸＠板橋本町
30代ご夫婦＋お子様の3人家族／85.61㎡

広々としたキッチン。キッチンのキャビネットはIKEA製。天板はモールテックス塗装。

生活感を出さないために
テレビは置かない
キッチンにモノを出さない

ご主人の仕事上、打ち合わせのための来客があるので、オフィスに来ている印象を出すような無骨なインテリアで統一。生活感を極力排除するために、「モルタル、木、ステンレス」と、使う素材と色を厳選しています。「キッチンには大型の収納をリクエストしたので、ゴミ箱も調理器具も食器も、すべて引き出しの中に収納しています」と奥様。モノを出さない暮らしを実現されています。

リビングにテレビがあると生活感が出てしまうのでテレビは置かず、映像はPCかプロジェクターで観るようにされているそうです。

メインテーブルは職場／ダイニング

グラフィックデザイナーのご主人は自宅で仕事をされているので、いわゆるSOHOとして使うことを前提に家づくりを進めていきました。大きな特注のメインテーブルも、仕事がしやすいようにコードを通す穴があったり、テーブルの下にスチールのキャビネットがあったりと仕事仕様。奥行きがあるので、コロナ禍をきっかけに、リモートワークが増えた奥様と向かい合って仕事をすることも増えたそうです。仕事が終わり、食事の時間になれば、この場所は、家族のダイニングテーブルとしても活躍します。オンライン会議など個室にこもりたいシーンでは、将来的に娘さんのための部屋にと用意していた個室を仕事部屋として利用されています。

point ❶

メインテーブルは職場／ダイニング

大きな特注のメインテーブルは、奥行きがあり、ご夫婦が向かい合って仕事ができるほど。パッと切り替えて、食事の時間になればここは家族のダイニングテーブルになる。

point ❷

個室はフレキシブルに活用。将来のこども部屋／オンライン会議に利用

オンライン会議など個室にこもりたいシーンでは、将来的に娘さんのための部屋にと用意していた個室を仕事部屋として利用。

point ❸

生活感を出さないためにテレビは置かない／キッチンにモノを出さない

リビングにテレビがあると生活感が出てしまうので、テレビを置かず、映像を観たいときはPCで観るか、プロジェクターで観る。

■ before

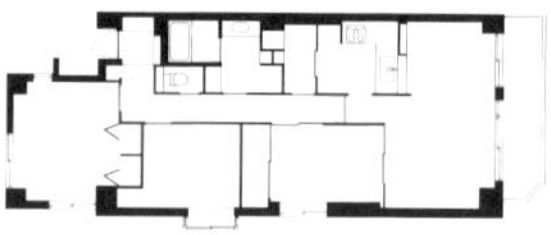

■ after

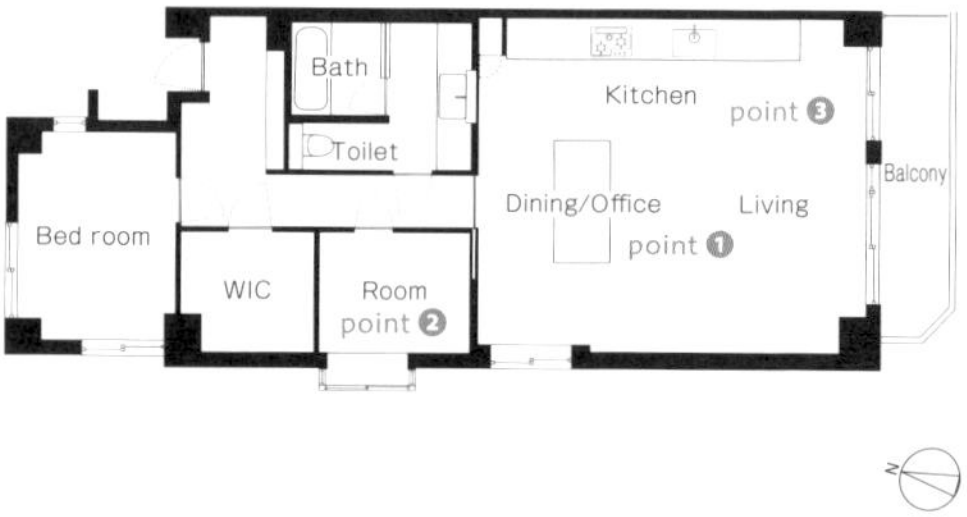

（上）仕事の来客を意識して、インテリアはインダストリアル感があるものをセレクト。
（下）メインテーブルで使われているチューブランプはイギリスのヴィンテージ。

case 2

外出時の汚れを生活空間に持ち込まない暮らし

外出時の汚れを
生活空間に持ち込まない工夫が
随所に見られる北村様邸。
玄関収納、ウォークスルー収納、引き戸。
これからの生活様式に
取り入れられる住まいの工夫が施されています。

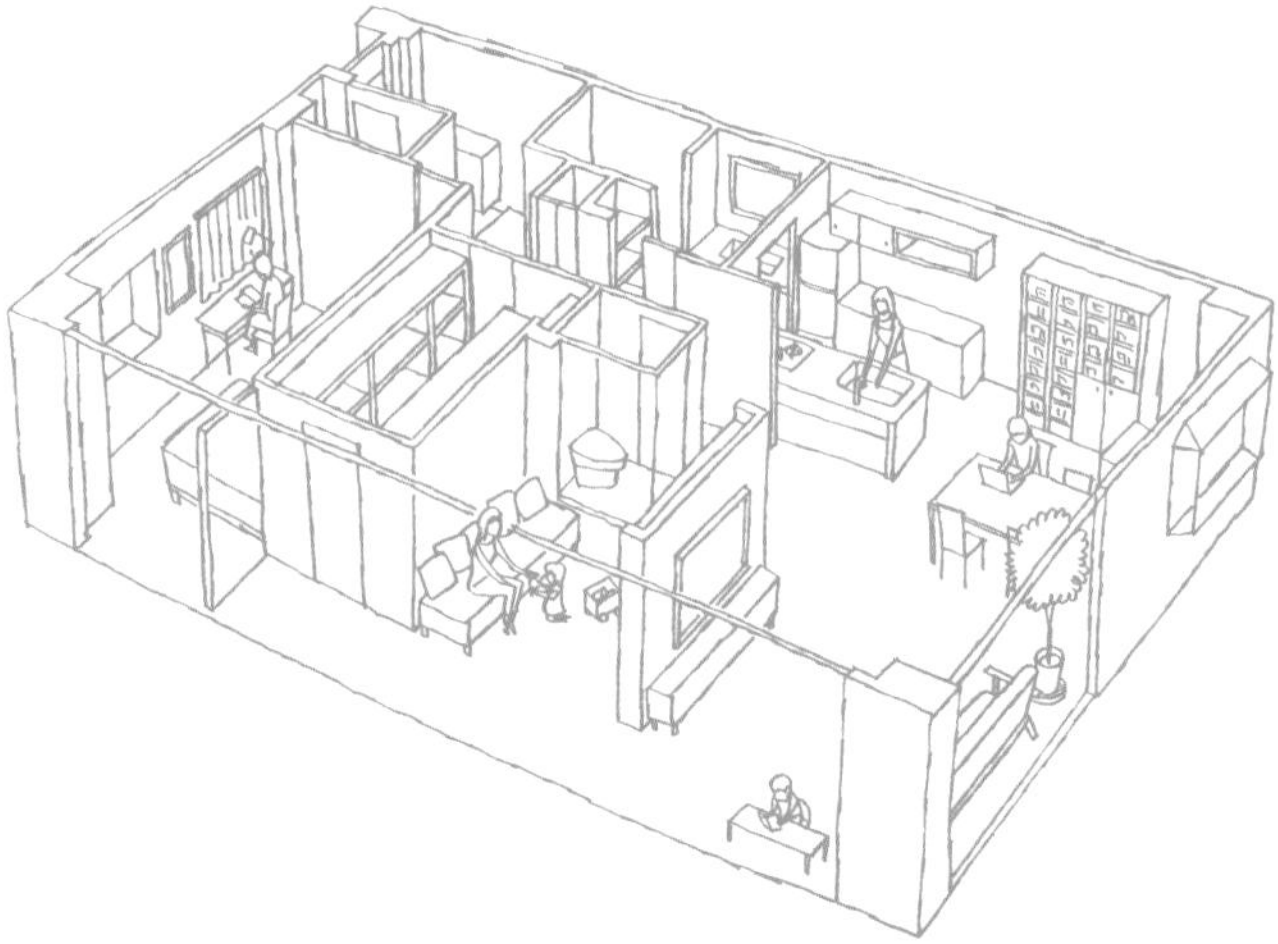

profile

北村様邸@用賀
40代ご夫婦＋お子様の3人家族／94.62㎡

収納は玄関近くに

九〇平米を超えるマンションをフルリノベーション。玄関収納、ウォーク

ご夫婦二人で立てる広さのキッチン。コーヒー豆を挽くことはお子さんのモーニングルーティン。

スルー収納、引き戸などを用いて、外出時の汚れを生活空間に持ち込まない工夫が随所に施されています。広々とした室内にはご夫妻が旅先で集めた小物や雑貨がバランスよく飾られています。「二人暮らしをしているときから好きなものを選ぶというのは、生活をする中で大切にしている価値観です。贅沢ですが、毎日触れるものだからこそ家のパーツの一つひとつも、本当に好きなものを選んでいます」とご主人。

夫婦二人が在宅勤務で家族時間が増えましたが、料理担当のご主人がダイニングでデスクワーク、奥様は寝室にあるワークスペースでデスクワークをすることが多いそうです。

出窓を利用した天然木のキッズデスクもあり、みんながそれぞれのデスクに向かうことができる住まいです。

リビングの出窓を活用したキッズコーナー。天然木のキッズデスクでお絵かき。

セカンドリビングには、おもちゃや書類の収納スペース。ここで遊んでいても キッチンから目が届く。

point ❶

収納は玄関近くに

靴、コート類、ベビーカー、電動自転車の充電など外からのものは玄関脇の収納にすっぽり入る。WTC(ウォークスルークローゼット)も玄関からダイレクトに入れる場所にあり、着替えも可能。

point ❷

ドアは引き戸&2方向動線

洗面室の入り口はもちろん、バスルーム以外の扉を引き戸にしたことで、「基本的に開けたまま」「どこにも触れずに手洗い着替え」が可能。買ったものをキッチンまでダイレクトに持ち込むことができる。

point ❸

可変性がある間取り

寝室は、入り口を2カ所設けたことで、お子さんの成長に合わせて空間を区切ることも可能。将来的な間取りが計画されたうえで、セカンドリビングや窓際のギャラリー通路、WTCなどの今必要なスペースを配置。

■ before

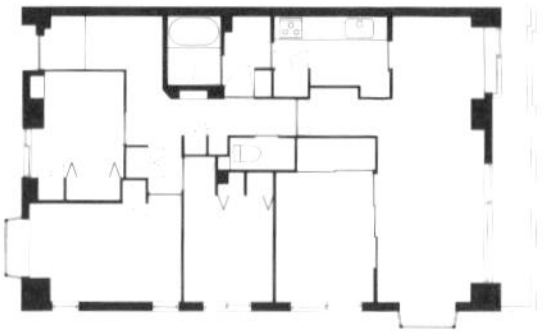

■ after

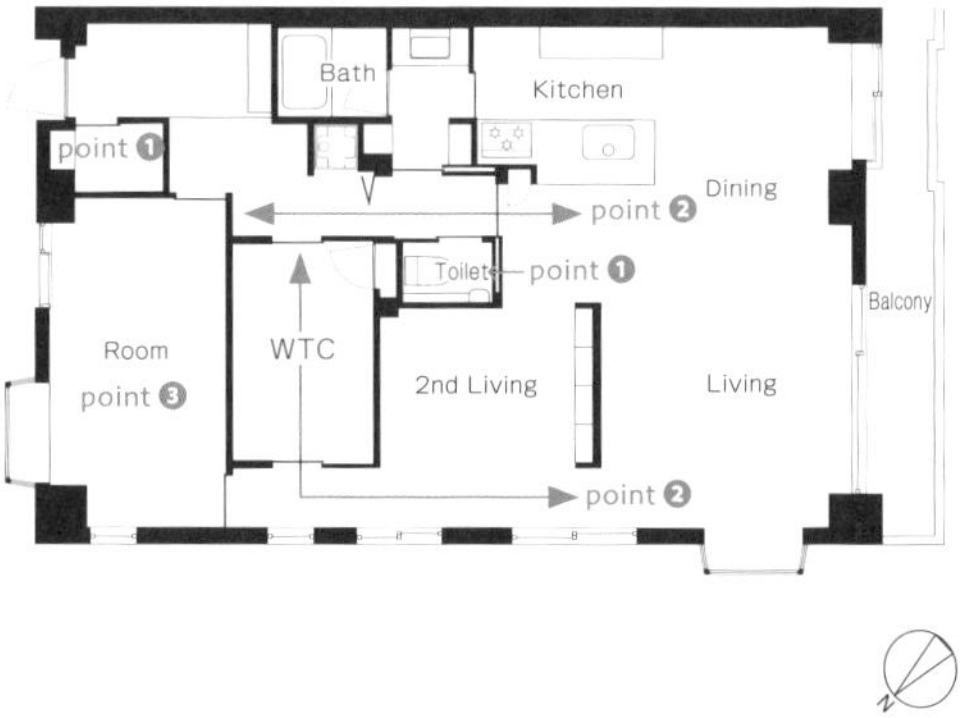

(上)料理担当のご主人がダイニングでデスクワーク。
(下)寝室にあるワークスペースは、奥様用。

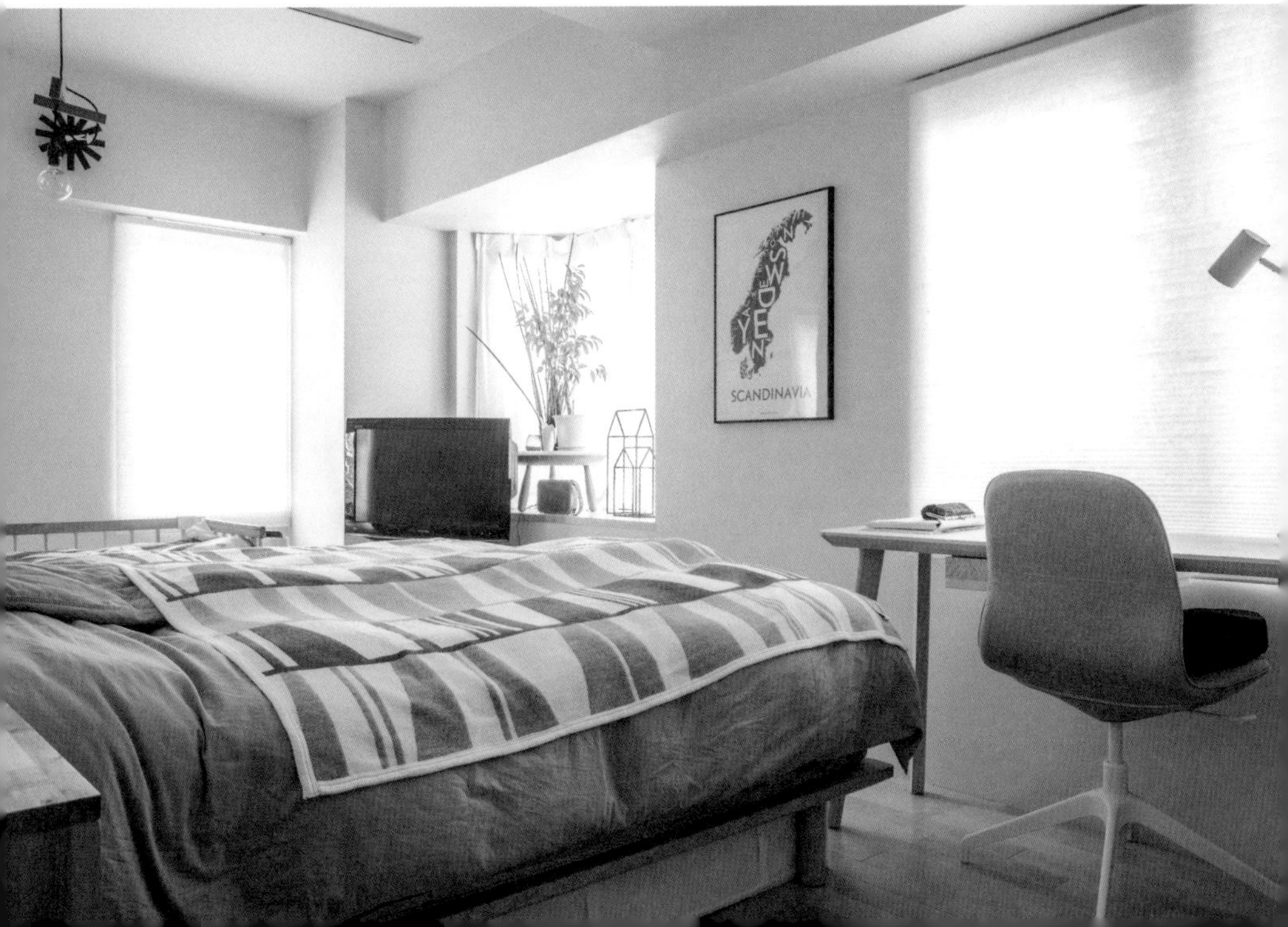

case 3

広さがなくても大丈夫。一つの場所に複数の役割がある暮らし

いつもお子様の様子を見守れるようにとリクエストされた家は、
効率的な生活動線を重視しながらも、
のんびりと過ごせるコーナーもたくさん。
広い空間でなくても、
快適に在宅ワークができる
リノベーションならではの工夫が詰まっています。

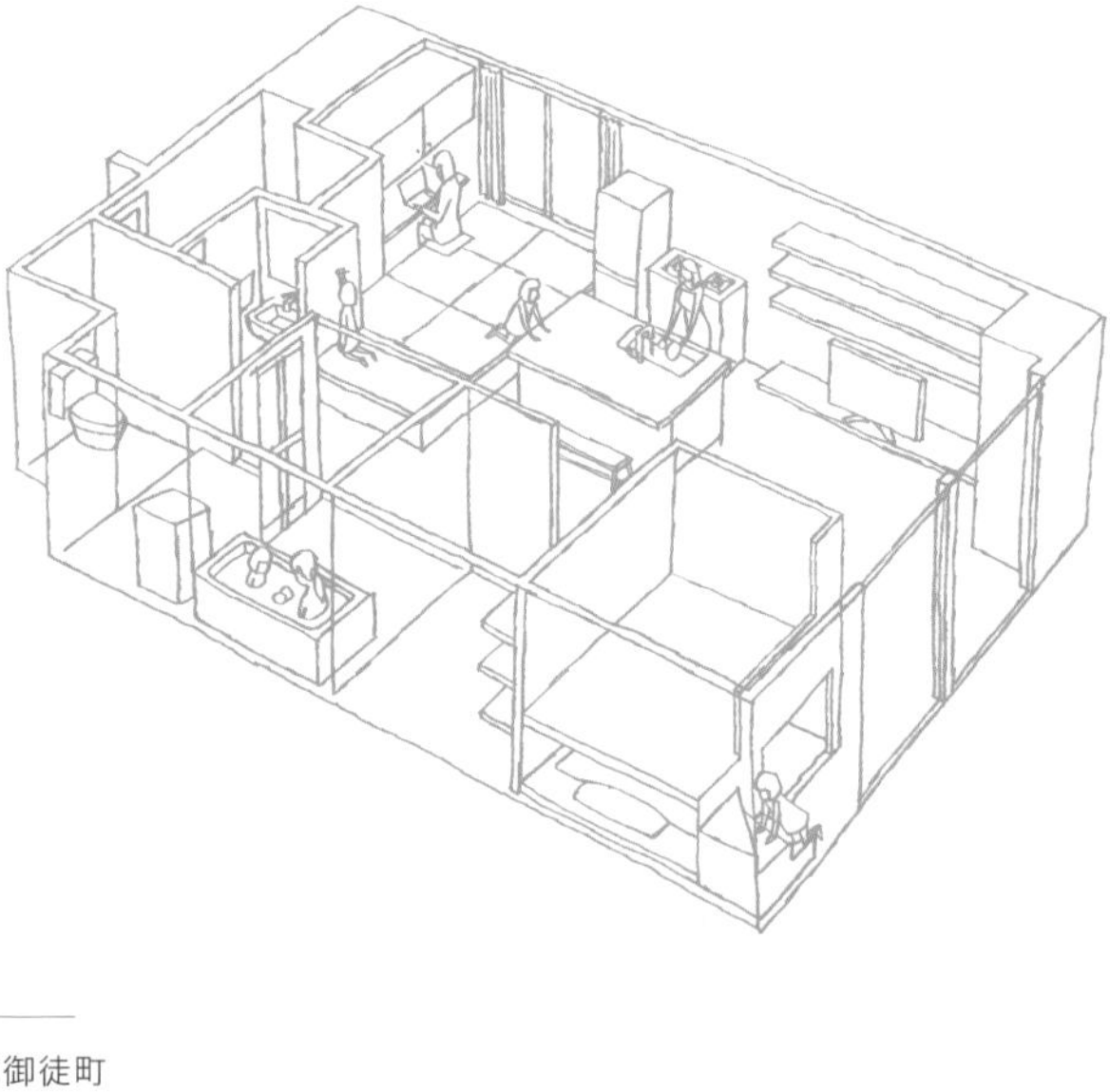

profile

G様@新御徒町
30代女性＋お子様の2人家族／47.79㎡

グリーンが印象的なキッチンのタイルは「Heath Ceramics」。

役割を複数兼ねることで、広くなくても快適に在宅ワークが可能

「リノベーションをしようと思ったのは、DIYが好きだからとかではなく、新築マンションだと希望の間取りがなかったからでした」とG様。それまで住んでいた賃貸マンションが手狭に感じ、三歳の娘さんとの暮らしをより快適にするために中古マンションを買って、リノベーションをすることを選ばれました。リクエストは、お子様がさみしくならないようにいつも様子を見守れること。効率的な生活動線を重視しながらも、のんびりと過ごせるコーナーや遊び場など、さまざまな工夫が満載です。

(右上)ロフト上のスペースは将来のこども部屋。今は、お友達と遊んだり、季節家電などが収納されている。
(右下)ロフトの下はベッドスペース。かがんで入る高さで、こもり感があって落ち着く。IKEAのダブルベッドのマットレスがぴったりと収まるサイズ。

point ❶

役割を複数兼ねることで、広くなくても快適に在宅ワーク

リビングもダイニングも兼ねる小上がり。小上がりは収納スペースにも。壁を掘ったようなデスクスペースは、不思議と集中できる。ママが使わないときは、お子さんの隠れ家スペースとしても活躍。

point ❷

家が遊び場にもなる工夫が満載

保育園にも学校にも公園にも行けない!そんな日だって、家が遊び場だったら大丈夫。そう思わせてくれる楽しいロフトの遊び場や、お絵かきできる壁があるので、家にいても楽しめる工夫が満載。

point ❸

玄関を開けたら洗面台。外からの汚れもすぐ落とす

玄関のたたきを上がるとすぐの場所に洗面台を配置。実験用シンク&レバーハンドルの水栓なので、蛇口を手でひねらず腕で押して水を出すことが可能。

■ before

■ after

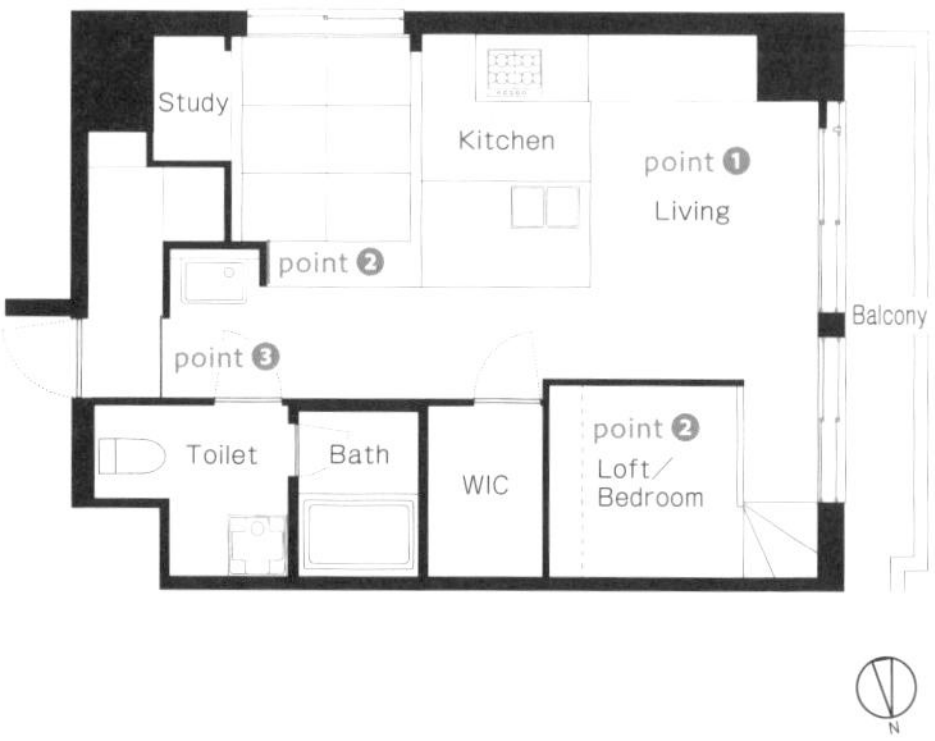

（上）ダイニングは、大人が小上がりに腰を掛けてもちょうどいい高さに設計。
（下）小上がり奥のスペースは、ワークスペースとしても利用。収納にも椅子にもなる多用途な小上がり。

～リモートワーク時代を反映した暮らし～

あなたのいるところがオフィスになる

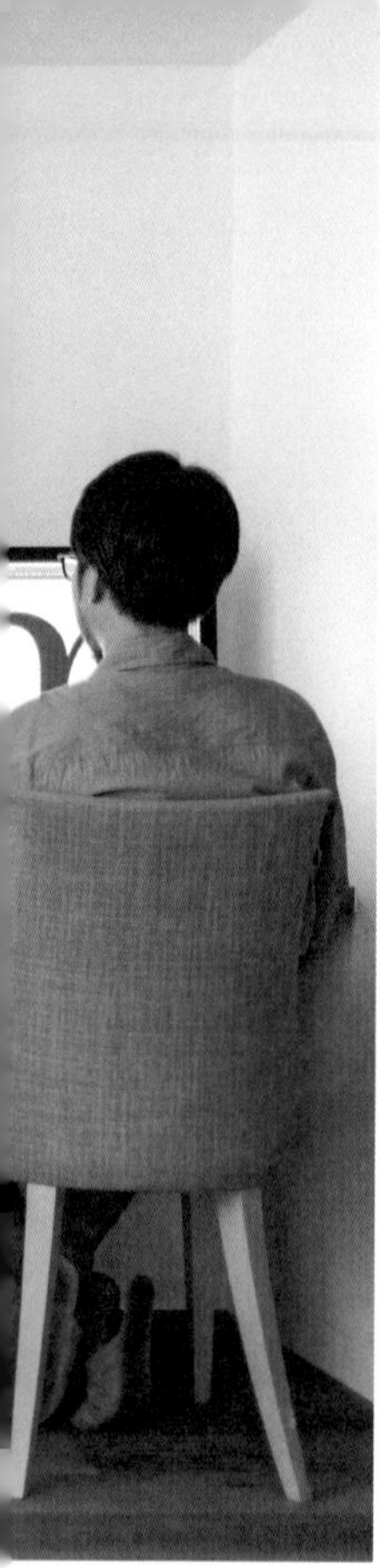

case 4

仕事も趣味も快適に。クリエイター夫婦が選んだ都心×リノベーション

南青山のヴィンテージマンションを購入しリノベーションされた大山様ご夫妻。

コロナ禍以降、お二人とも在宅勤務中心の生活となる。

愛犬ムニちゃんが家族に加わったり、さらには趣味の陶芸で個展を開くことになったり……。

ライフスタイルを大きく変えながら日々を楽しんで過ごされています。

profile

大山様邸@南青山
20代ご夫婦＋愛犬ムニ／56.31㎡

在宅ワークで仕事も趣味も充実

広告代理店のアートディレクターとして活躍される大山様ご夫妻。以前は、深夜タクシーで帰宅することも多

効率よく空間を使うために、壁面にワークスペースを設置。

く、三食ほぼ外食という毎日が、コロナ禍で一変。ボストンテリアの「ムニちゃん」を家族に迎え、朝六時起床で仕事をスタート、夜も自宅で食事をし、二四時には眠くなるという健康的な暮らしへと変わったそうです。陶芸作家としての顔ももつ奥様は、「平日はデスクワーク。土日はずっと粘土ですね。土をこねて陶芸作品をつくっています。大きな作品は別の場所で焼かせてもらっていますが、それ以外はうちで焼くことができるように窯を買いました。バルコニーで作業をするときは日差しが強いので、畑仕事に使うようなつばの広い帽子をかぶって作業していますす(笑)」

バルコニーにはウッドデッキも設置し、休日にはデッキで食事をすることもあるそうです。

仕切りは少なく大きなワンルームに

玄関を入ると、すぐにキッチンがあるというオープンで大胆な間取りの大山様邸。立地や明るさと開放感を優先して選んだ住まいは五六平米とコンパクトながら、間仕切り壁を取り払い、ガラスのパーティションで緩やかに部屋を斜めに分けることで、それぞれの場所から視線が抜け、面積以上の広さを感じることができます。

洗面スペースは、リビングの一角を利用して、洗面ボウルと水栓だけのコンパクトでシンプルなつくり。こもり感がありながらも、照明がいらないほど明るいスペースに。

point ❶

玄関を入るとすぐにキッチン

広さを確保するために、キッチンは壁を立てず玄関に隣り合う形で配置。開放的なキッチンは、買い物から帰ったらすぐに荷物を置けるというメリットもある。

point ❷

洗面スペースは最小限にしてリビングの一角に

構造柱を利用して洗面コーナーを設置。トイレ、洗面などの水回りから洗面台だけ外に出したことで、来客時もスマートに案内できる。

point ❸

既成概念にとらわれない間取り

梁の位置にとらわれず、パーティションで斜めのラインにフロアを区切ることで、囲まれた感のある場所や広い場所など、それぞれの場所に個性が出る。

■before

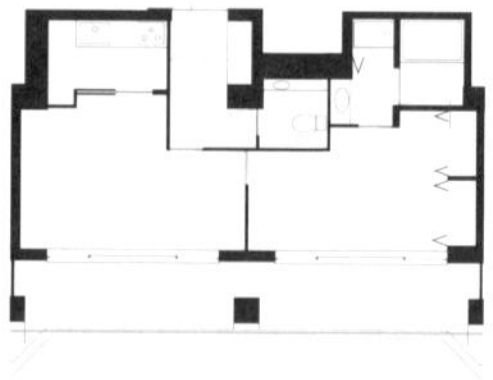

■after

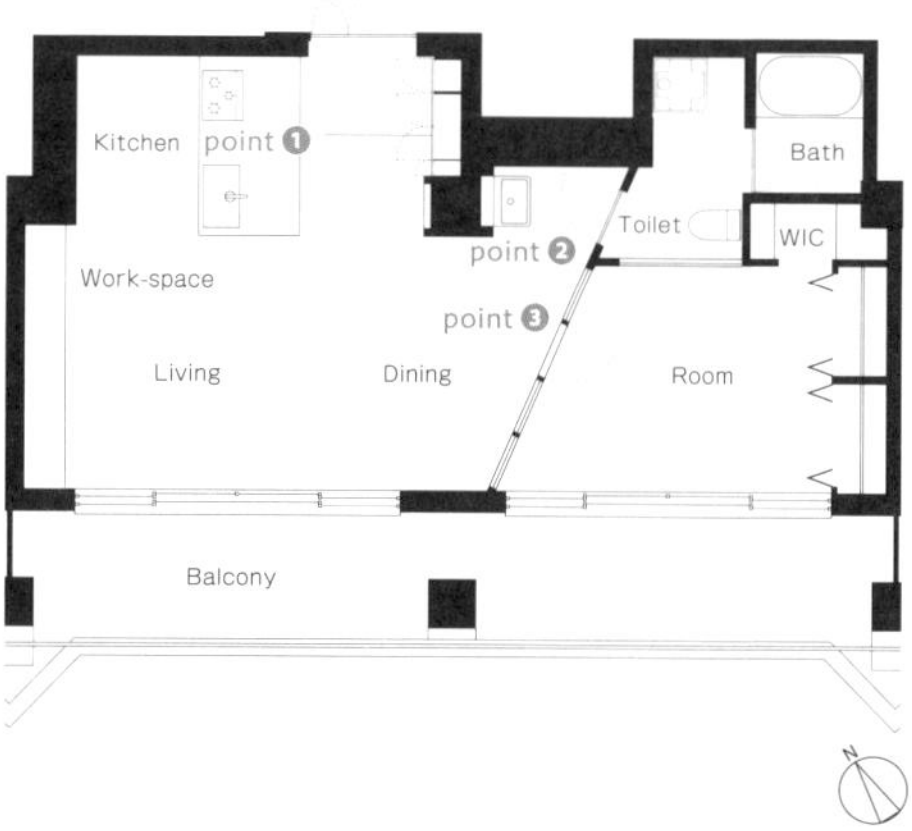

(上)寝室と居室を区切るガラスのパーティションは、繊細な直線と曲線を組み合わせたスチールフレーム。
(下)特殊セメントモルタルのモラートで仕上げた天板とステンレスのキッチン。

case 5

仕事もアートもＤＩＹも、さらには運動まで自由に楽しめる家

美大の同級生だったF様ご夫妻は、都心の築五〇年近いマンションを購入されフルリノベ。自宅にはお二人の作品も多数あり、作品づくりやＤＩＹなども楽しめるように、玄関からＬＤＫまで全面フラットのモルタル床を打ちました。

イメージを共有するためにご夫婦が描かれた絵。

profile

F様邸@初台
30代ご夫婦／57.48㎡

リビングの一角にワークスペースを

F様ご夫婦の共通の希望は、作品づくりやＤＩＹをするためのモルタルの床。「夏は素足で過ごすのがとても

ワークスペース上部の棚の下には照明を仕込んでいるので、スタンドライト要らずですっきり。

気持ちがいいです。冬は裸足で歩くとさすがにきついですが、シューズ型のスリッパを履いているとすごく暖かいので全然気になりません」とご主人。「ちょっとくらい傷がついても気にならないですし、掃除もしやすいです」と奥様。リビングの一角には、ご夫婦で同時にパソコン作業ができる広さのL字のしっかりとつくり込まれたワークスペース。

バックヤードをイメージしてつくられた寝室は、収納も予算面も考慮して扉をつけずオープンですが、入り口のドアを閉めることで、寝室側のプライベートスペースとLDK側のパブリックスペースを完全に分けることができます。「今回のリノベで私自身は収納のことを一番に考えていました。昔からモノを整理して納め直すことが好きで、きれいに整理できたときの達成感がたまらないです。今ある持ち物をすべて洗い出して、前の家のどこに何があって、新しい家のこのスペースにはこれとこれを入れて……と絵を描きながら一つひとつ考えていきました。以前は貸し倉庫を借りていたほどモノが多かったのですが、先日ついに解約できました」と奥様。寝室には奥様の収納に対する情熱が込められています。

壁は全体的に白ではなく、小町鼠という淡い日本の伝統色を採用。

point ❶

リビングの一角に
ワークスペースを設ける

L字型のワークスペースは、二人並んで仕事ができるスペースを確保。リビング内に設けたことで省スペースでも充実した仕事空間をつくることができる。

---

point ❷

無駄がない家事動線と
収納計画でスッキリ暮らす

ベットルームの天井に設置された物干しハンガーは、オープンクローゼットから出した衣類を仮置きしたり、布団を干したりとマルチに活躍。キッチンは業務用を組み合わせたオーダーメイド。家事動線と収納計画をしっかり考えることでコンパクトな空間も快適に。

---

point ❸

手軽にできる運動習慣を

休日はランニングをした後、サブウェイタイルを貼った、ホテルライクなお風呂でのんびりと。懸垂バーを設置して気軽にトレーニングができる環境を。在宅ワークも工夫次第で楽しく運動不足解消へ。

■ before

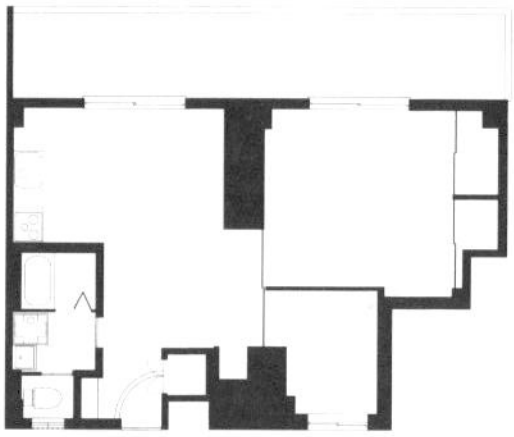

■ after

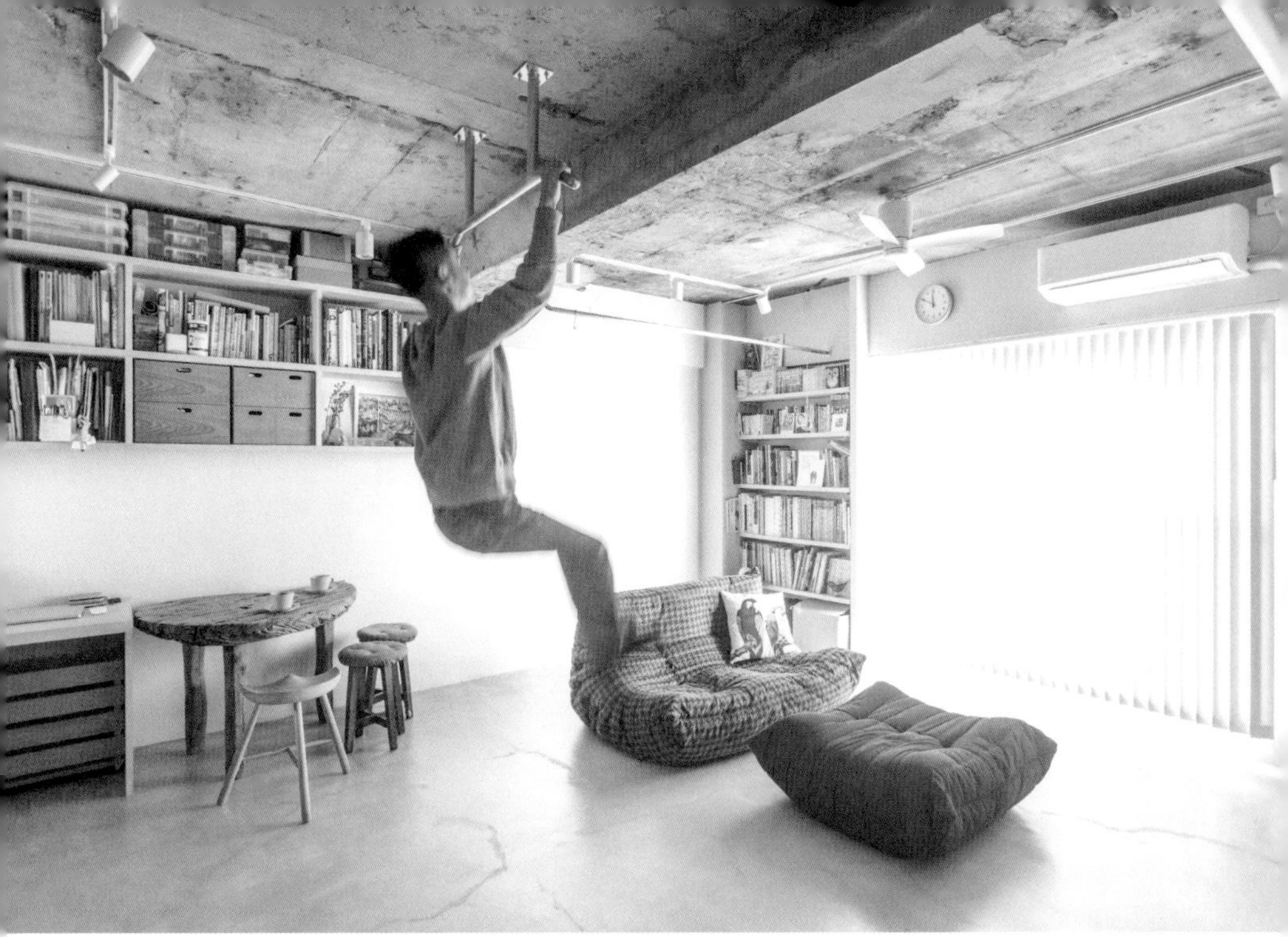

(上) 室内でも気軽にトレーニングができるように懸垂バーを設置。
(下) 毎日のルンバの自動運転設定で、オープンクローゼットでもホコリが舞わない。

第2章

住まいと働く場所が一体化する時代がやってきた！

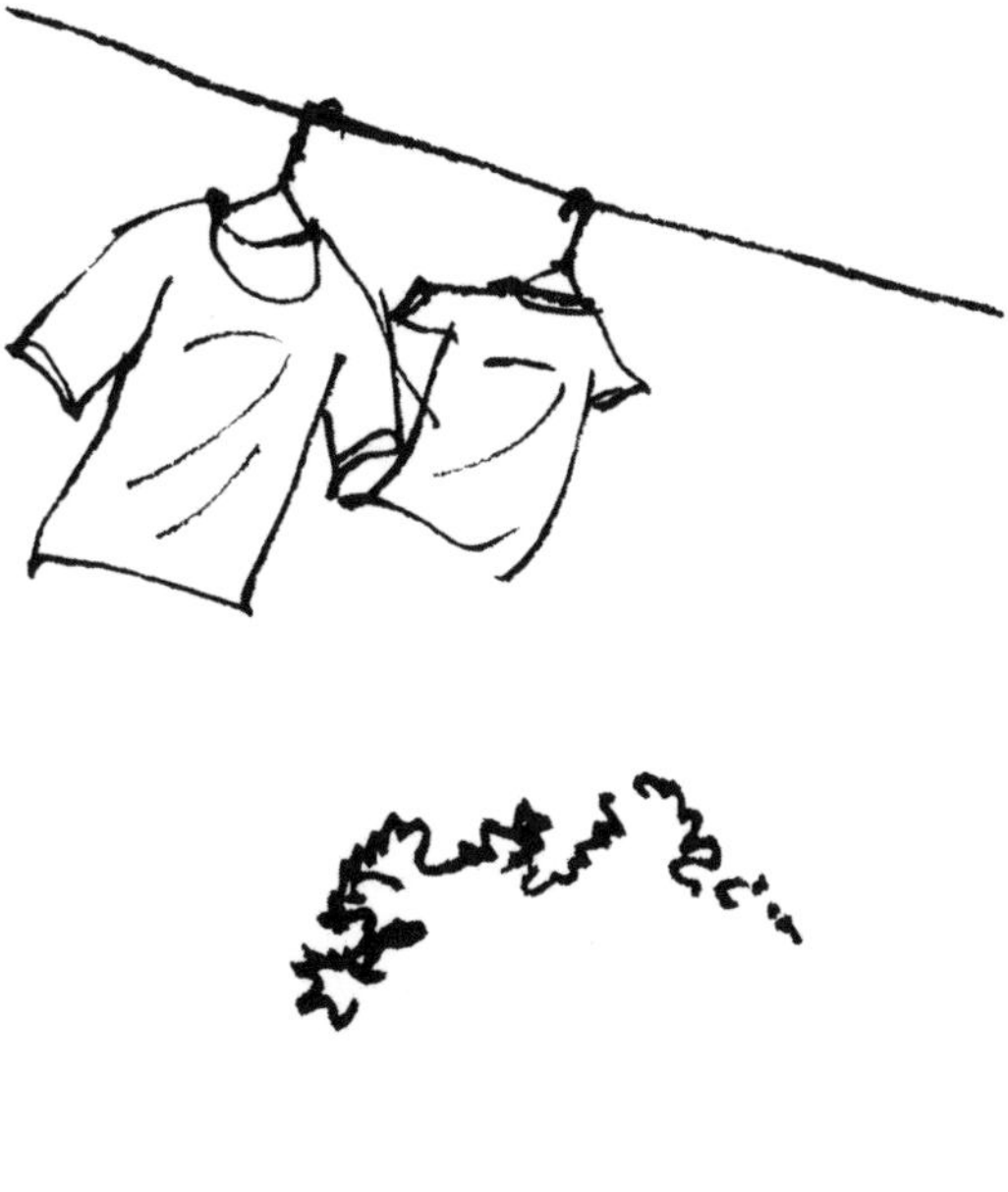

あなたのいるところがオフィスになる

二〇二〇年、新型コロナウイルスの世界的な感染拡大により、それまで想像もしていなかった日常がやってきました。緊急事態宣言が発令され、「出社しないで仕事をする」ことを迫られました。

それまで、多くの企業が朝の九時を始業時間とし、社員はそれに合わせて満員電車に揺られて出社することが当たり前だった日本。

そんな当たり前の日常に待ったがかかったのです。

出社してはいけない、出社するにしてもピーク時を避け、時差通勤をする。人が密集する狭い空間に集まることがないように会議もできるかぎり行わない。朝礼でさえ、行わないか、ごく短時間で済ませるなどなど。

そんな中、多くの企業がやむを得ず、突然にリモートワークを導入したのではないでしょうか。

巻頭に掲載させていただいたのは、そんなリモートワーク時代を反映した住まいづくりの一例です。

リノベーションでオーダーメイドの家をつくる

私たちは〝「自分の暮らし」を大切にする会社〟というミッションのもと、お客様の不動産探し・購入からリノベーションまでワンストップでのサービスを提供しています。

決められた間取りに暮らしを合わせるのではなく、一人ひとりの暮らしに寄り添ったオーダーメイドの家づくりというコンセプトをとても大切にしてきました。

例えば、家の中にハンモックやボルダリングなどのアウトドア要素を取り込む家、家飲みを楽しむためにバーカウンターを設置する家など、外で楽しむことがふつうだった休日の趣味の要素を、家の中に取り込む暮らしを実現してきました。住宅として必要な機能に〝プラス・アルファ〟のアソビの要素を加えるリノベーションです。

そしてコロナ禍でリモートワークが進み、さらに今度は家の中にオフィスの要素を取り入れる暮らしというものにも注目され始め、巻頭に掲載したような事例も増えています。

「夫（妻）にリビングを占拠されてしまっているので、自分のワークスペースがほしい」、「Ｗｅｂ会議のとき、バーチャル背景にしなくてもすむようなセンスのよさが垣間見える部屋にしたい」、「狭くてもいいから集中力を高められる執務スペースがほしい」、「こどものオンライン授業にも対応できるスペースがほしい」、「こどもの様子を見ながら、自分の仕事もできるといいんだけど」、「家事をしながら仕事もはかどる動線を考慮した間取りにしたい」などなど。

リモートワークに対応できる自宅にしたいというものです。


また、リモートワーク対応とともに登場したのが、ウイルス対策を重視した間取りです。

玄関の近くに洗面所を設ける間取りや、帰宅後、手を洗うまで、すべて非接触でドアや照明、蛇口の開閉ができる設備も注目されています。これからの新築マンションでは、当たり前になる日がくるかもしれません。

私の会社は「どこでもオフィス」

実は、私の会社では、すでに二〇一六年から「どこでもオフィス」制度を導入しています。

コロナ禍を機に広まったいわゆるリモートワークの先駆けです（なぜ、コロナ禍前のこの時期に、私が会社に「どこでもオフィス」制度（＝リモートワーク）を導入することになったのかについては、第3章、第4章で詳しく触れています）。

この制度の導入以来、会社は居心地のいい場所になりました。スタッフみんながそれぞれの場所で、居心地よく仕事も暮らしもしているのです。

例えば、ある男性スタッフは、西日本在住。

彼は、私の会社で働く以前も奥さんと二人で西日本のある県で暮らしていました。が、親の介護の問題もあり、彼だけが東京で単身赴任をすることになりました。夫婦で離れて暮らすようになってからは、有給休暇をなんとかやりくりして、地方にある自宅に定期的に帰るという生活でした。

しばらくしてこどもが生まれましたが、仕事も忙しく子育ては奥さん任

せになっていました。彼自身は東京で暮らし、時々自宅に帰っては、

「こどもってアッという間に大きくなるんですね。急に歩けるようになっていました」

「いつの間にかしゃべれるようになっていたんですよ。ビックリです」

「帰るたびに、こどもが『この人、誰？』って顔をするんですよ。いやぁ、つらいですよ。ハハハ……」

という感じ。

半ば自虐的に無理して笑っている彼の報告を聞きながら、かつての私は心の中で思っていました。

「どうにかしてあげられればいいけど、でも、そんなふうに家族の元を離れて働く選択を彼がしたのだから仕方ないよね……」


ところが、リモートワークを導入したことで、彼は会社から遠く離れた自宅で家族と一緒に暮らしながら、自分で選んだ仕事も続けられる方法を手に入れることができたのです。

月に一度は本社に出社してもらうことにしていたのですが、その移動にかかる経費も会社負担で支給することにし、会社としても、転職を考えていたかもしれない貴重な戦力だった彼を失うことなく、よりよい仕事をしてもらうことができました。

経営もリモートで

また、私の右腕でもある役員。

彼女は、北海道の雄大な大地で育ったことから、こどもも実家のある北海道で育てたいと思うようになったそうです。

彼女が仕事で東京に出てくるときは実家のご両親に子守りをお願いできるということで、今は暮らしの拠点を北海道にしています。

これも、リモートワークができるからです。

私自身も大事な側近を失うことなく、安心して仕事を続けてもらうことができているし、彼女にとっても希望通りの働き方、暮らし方ができています。

実は、私自身もコロナ禍において夫の仕事の都合で一時期都心を離れ、車で一時間ほどの自然豊かな土地に家族全員で引っ越し、都心の家と郊外の家の二拠点で〝リモート経営〟をしていました。

リモートが確立されていれば、経営者であっても〝会社〟という場所にしばられることがないのです。

そんな私たちにとって、今回のコロナ禍によって引き起こされた「仕事は自宅でするように」という世の中の流れは、働く場所と住まいについて考え直す大きなきっかけとなりました。

私自身の経験からも、仕事と暮らしの両方を、より理想に近づけることができるということがわかってきたのです。

シームレスにつながる「働く」と「暮らす」

「働く」と「暮らす」がそれぞれ別に存在しているのではなく、一つの家の中に同時に存在している、それがリモートワーク時代の住まいです。

この、リモートワークという働き方を積極的に選択していくと、心地よく生活するための空間は、心地よく働くための空間でもあることに気づきます。

仕事そのものに直接は関係ないように思えますが、ワークスペースに関する不満やストレスが蓄積されれば、仕事の効率は落ち、働くこと自体に嫌気がさしてしまうことさえあるかもしれません。

そうなると当然、暮らし全体にも悪影響が出ます。

反対に、家の中に心地よい仕事空間があれば、仕事の効率も上がり、生活の質自体もよくなります。

だからこそ、とことん、こだわって住まいをつくる意義や価値があるのです。それを私たちはコロナ禍になる前から、自分たち自身の会社で実現してきました。

オフィスももっと自由な発想で

一方、オフィスは「リモートワークに切り替えたら、出社する人が減り、これまでのような広いスペースが必要なくなった」という声を聞くようになりました。

実際に、街を歩いていても、以前はあまり目に入らなかった「空室」の看板が目立ちます。

リモートワークの普及で、オフィス事情も大きく変化してきているのです。

私の会社が「どこでもオフィス」制度をスタートしたときも、出社する人が減って、オフィスに入ったときにちょっと寂しい感じがしたことを思い出します。

そして、リモートワークが定着し、ガラーンとした空間を見て、「オフィススペースって、こんなに広くなくていいよね。使っていないスペースに経費をかけるのは、無駄だなぁ」と感じることが増えました。

そんなときに、それまで賃貸で埋まっていた自社ビルの上の階の小さめの区画がちょうど空いたので、従前の執務スペースを、その空いた区画へと移動させました。

そして、これまでのオフィスとして使っていた場所を撮影や展示会、イベントなどで利用できる「スタジオ エコデコ」(style-and-deco.com/studio)として時間貸しをすることにしたのです。

オフィススペースはこれまでの約半分と狭くなりましたが、広いスペースが必要な場合はスタジオスペースを利用できるので困ることはありません。

そして、執務スペースを縮小して浮いた予算で、引っ越し先となる新たなスペースのリノベーションを自分たちで行うことにしたのです。

オフィスの存在意義も変化している

どんなリノベーションをしたいかを考えたとき、ちょうど働き方改革の真っ最中だったので、私はオフィスを仕事をする場所ではなく〝コミュニケーションを取る場〟に変えようと思いました。

「オフィスの真ん中に大きなキッチンをつくろう！」と、ランチのときの雑談タイムで本気になって提案したのです。

スタッフからは、「誰が料理をつくるんですか？」、「建物の構造的に無理がありますよ！」と、猛反対（苦笑。少し行き過ぎた提案だと、今では自分でも思います……）。

キッチンこそあきらめましたが、スタッフみんなでランチを食べたり、打ち合わせをしたりするスペースとして、いかに〝自由で、快適な空間にするか〟にはこだわり、ちょっと贅沢な幅広の無垢材のフローリングにしたり、壁一面をホワイトボードの代わりになる特殊な塗料で塗装して、アソビ心を満たしたりしました。

自分たちの「楽しい」「心地いい」という感覚を信じて、自分たち自身でＤＩＹをして、オフィスを居心地のいい空間へと変えたのです。

スタッフみんなが集まるのだから、ソファに腰掛け、おいしいコーヒーを飲みながら、ゆったりとコミュニケーションを取れる空間にする……。

みんなが、仲間と過ごすために出社したいと思えるオフィスを目指したかったのです。

働き方が変われば、働く場所も変わる！

働き方が変われば、働く場にも変化が求められます。オフィス空間だって、これまでの無機質なものとは変わっていくはずです。

リモートワークになれば、たまにスタッフが全員で集まる時間は、貴重なコミュニケーションの場。これからのオフィスは、業務をこなす場所としての機能だけではなく、みんなでコミュニケーションを楽しむための場所にシフトしていくのではないでしょうか。

さすがに、アイランドキッチンは必要ないとしても、おいしいコーヒーを飲みながら打ち合わせができるスペースが仕事場にあるなんて、とても魅力的だと思いませんか。

また、社員が個々にデスクをもたない図書館のような〝フリーアドレスオフィス〟にすることも一案です。フリーアドレスのメリットとしては、いつも違う人が隣に座ることで、新たなコミュニケーションが生まれ、新たなアイデアも生まれる可能性があるということ。そして、紙の書類を引き出しにため込む習慣が一掃され、社内美化も図れます。

もちろん、使わなくなったスペースを貸し出したり、コミュニケーション促進のためのスペースにしたりと、有効活用もできます。

オフィスが変わるというのは、単に狭いところへ移動することで賃料や光熱費を下げるというメリットだけではありません。企業にとって、優秀なスタッフを失うことなく、社員の仕事の能率を上げ、モチベーションを高めることにもつながるのです。

サテライトオフィスやサードスペースへ

さらに、これまでは、オフィスを構える場所は都心という考えが主流でしたが、リモートワーク時代になれば、都心から少し離れた場所での「郊外型サテライトオフィス」も需要が高まりそうです。

「オフィス」と「自宅」以外に、自宅勤務が難しい人向けの「サテライトオフィス」や「サードスペース」（オフィスでもない、自宅でもない、ゆったりと仕事ができる場所）の活用も増えていくでしょう。

働き方に合わせて、働く場所も選ぶことができる時代。オフィスという場所の定義づけも業務内容や社員それぞれの事情などを踏まえて見直すことで、仕事の生産性を上げることにもつながるはずです。

ちなみに、スタッフには却下された〝大きなキッチンがあるオフィス〟は、いつか、自社ビル内で空室が出れば、大人の「サードスペース」として実現してみたいとアイデアを温めています。

ウェルビーイングの実現につながる「生き方」

こんなふうに、リモートワークの先には、経営者も従業員も、わくわくするような未来の暮らし方（仕事×住まいのライフスタイル）があるのです。

朝は、サーフィンでひと汗かいてから仕事をする、こどもが勉強をしている横で大人は仕事、というように同じ空間でそれぞれのことをすることができる。通勤時間を有効活用（仕事かもしれないし、趣味かもしれない）することができるなどなど。

二〇一六年に、スタッフ一人ひとりの生きがいと仕事のやりがいを調和させるため試行錯誤をしながらリモートワークを導入した私の会社は、その働き方が組織にうまく定着したこともあり、おかげさまでスタッフに喜ばれながら利益も上げることができています。

今、日本全体が今後の働き方を決める分岐点に立っているように感じます。

現在、政府主導で「働き方改革」が進められていますが、一番大切なのは私たち自身が主体的に働き方と暮らし方を統合させた「理想の生き方」ができるかどうかであり、その意味での分岐点です。

「働き方」は「生き方」です。人生の大部分を占める働き方を変えることによって、生き方そのものが変わるでしょう。自分の人生を大切にするために、自分にとって心地のいい働き方、暮らし方を自分たちで選ぶことができる時代がやってきました。まさにウェルビーイングの実現につながる「生き方」です。

もし、これまで「会社では仕事、家では寝る。その繰り返しの毎日だ」とか、「通勤を考えると、家はここでなければいけない」といった自己限定の中で住まいを考えていたなら、それを変えることができる時です。

今こそ、理想の暮らしとして思い描いていた生活が手に入るチャンスなのです。

オフィスは仕事をする場所、家は生活をするための場所、という明確な区分けがだんだんとなくなってきています。自分の暮らしを大切にするために、「オフィスは自宅のようにリラックスできる空間に」、「自宅はオフィスのように仕事ができる空間に」というように、ボーダレス化は急速に進んでいくのではないでしょうか。

「働く」と「暮らす」の垣根は低くなり、どこにいても、何をしていても、心地よい場所やコミュニティーが求められる時代が、コロナ禍という試練をきっかけに、もうそこまで来ているのです。

第3章

改革前夜の真実
誰か会社を
引き受けてくれませんか?

「自分の暮らし」を大切にする会社になるまで

二〇一六年から「どこでもオフィス制度」を導入している私の会社ですが、そこに至るまではやはり平坦な道のりではありませんでした。

最初から〝「自分の暮らし」を大切にする会社〟をつくりたいと思っていたわけではなく、それどころか、右肩上がりの売り上げを求め続けた結果、大崩壊をしてしまったところからのスタートだったからです。

ここで、私自身のこと、そしてそれまでの会社のことについてお話しさせてください。

多少長くなりますが、これからの働き方、暮らし方、そして住まい方について、迷われている方や、やっぱり従来通りでなければいけないんじゃないかと思われている読者のみなさんの参考に少しでもなれば幸いです。

がむしゃら仕事人生のスタート

私は昔から起業しようとか、なにか新しいことをやりたいと思っていたわけではなく、大学卒業後、実家のある九州で営業職として社会人をスタートさせました。

ちょうどバブルが崩壊した後で就職は超氷河期といわれ、入れるところがあればそれだけでラッキーというほどの時代です。何十社とエントリーしても、面接にたどり着くのにも一苦労していました。

その後、ようやく入社した会社は化粧品会社でした。得意先の企業などには女性の経営者も多く、新入社員でありながら女性経営者の考え方や生き方に間近で接する機会に恵まれ、私も次第に起業したいという気持ちが強くなっていきました。

起業という目標のため、二〇代はがむしゃらに働きました。自分のプライベートを犠牲にしても目指したい生き方があったからです。

ちょうど私が就職する少し前は、「二四時間働けますか」や「五時から男」などというフレーズが流行っていた時代。年功序列で年齢とともに給料は上昇し、年金も十分な額が約束されている。だから、将来にはなんの不安もなく、お金を使うことに躊躇しない人が大勢でした。学生のうちから、「うちにぜひ就職してほしい」と、企業から資金援助を受けることさえあったほどです。仕事はもちろん遊びも存分に楽しみ、人生に満足している自信にあふれた世代といってもいいでしょう。

それに対して、私たちバブル後に就職した世代はどうかというと、バラ色に見えていた社会人人生は急激に色を失いました。それどころか、就職さえもできない人が多く出始めます。

また、年金制度は不安視され、積み立てても年金はもらえない可能性があるといわれ始めたりする中、終身雇用や年功序列の制度も崩れていきました。大学を卒業しても、就職先が見つからないという恐怖をすでに経験していたため、将来は決して約束されたものではないのだということが身にしみており、そのせいか、常に不測の事態に備えるクセがついていったように思います。

でも、がんばればまだなんとかなる、とにかくがんばって上を目指す、目標を達成する、そうすればバラ色の将来を手に入れられる、そんな希望がまだ私たちの世代にはあった気がします。

だからこそ、起業するという夢のため、がむしゃらにがんばっていたのです。ステップアップのために上京し、マーケティングなどのビジネス感覚をさらに磨きました。

そうして二八歳で起業。目標を達成したのです。

「不動産」と「デザイン」で新しい暮らしを創造する

設立したのは「不動産」と「デザイン」で新しい暮らしを創造する株式会社Ｓｔｙｌｅ＆Ｄｅｃｏです。

不動産というと、物件の売買や賃貸のイメージが強いかもしれませんが、私がやりたかったのは、不動産の取り扱いというよりも中古物件をリノベーションして、自分らしい暮らしを実現するという「ライフスタイルの提案」です。

中古物件の取得からリノベーションまでを一つの会社で一貫してお世話するリノベーション・ワンストップサービスを目指しました。

起業した当初はまだ不動産業の免許を取得していなかったので、青山一丁目の不動産会社の中に、私一人分のデスクを間借りしてのスタート。不動産会社の社長の協力を仰ぎ、一緒に運営する形で、建築士とユーザーを引き合わせるマッチングサービスから始めました。

私が二〇代前半で「起業」を決意したのは、「場所や時間にしばられることなく自由でありたい」というのが一番の理由でした。子育てをしながらでも自分らしく生きるために、働き方をオーダーメイドで組み立てるには「起業」という生き方が一番の近道のように当時は思えたのです。

そのため、事業内容を決めたときも、「暮らし」に自由を求めていました。既成の間取りを自分に当てはめるのではなく、自分の好きなように暮らしをデザインできないものだろうかと。「二〇代の私でも手が届く価格帯で、自分にぴったりの心地よい住まいが欲しい」という思いを実現するため、「中古を買って、リノベーション」のサービスをスタートさせました。

私にとって、「中古を買って、リノベーション」は自由への近道であり、暮らしの心地よさへのこだわりだったのです。

新築マンション全盛時代から
リノベーションの時代へ

しかし、当然なのですが起業当初はなかなかビジネスにつながらず、夫からは「それは仕事というより趣味だね」と言われてしまうほどでした。

二〇代のころ勤めたベンチャー企業の同僚であり、友人の占いを仕事にしているみさきのゑさんの「適職は不動産」という言葉を思い出しては、「きっとうまくいく」と自分を励ましていました。

当時はまだ新築マンションが全盛の時代で、中古マンションに対しては「新築を買えないから仕方なく中古を買う」という妥協感が漂い、中古はどちらかというとネガティブなイメージがもたれていました。

そんな中で、「リノベーションをすることで、中古物件でもこんなにカッコよく、自分のライフスタイルに合った住まいになるんですよ」と世の人に伝えたい、もっというなら、伝えなければいけないという使命感とさえいえるほどのものを抱いていました。

とはいえ、「どうせリノベーションをするので、内装はボロボロの物件でもいいです」とお願いしても、そんな物件を紹介してくれる不動産会社も、そんな物件を購入する人もほとんどいませんでした。

それでもめげずに中古物件の写真を撮ったり、リノベーションの記事を書いてはブログにアップしたりしていました。

そうしているうちに、お客様からの問い合わせがぽつぽつと入るようになってきました。

「リノベーションの記事、楽しく読みました」

「中古マンションがあんなふうに生まれ変わるなら、一度相談にのってもらえますか?」

ちょうど、時代の流れというのもあったのかもしれません。リノベーションという言葉が、ちらほら雑誌などにも登場するようになってきていました。

そうして、スタッフが一人、二人と増えていき、間借りをさせていただいていたオフィスが手狭になってきたので目黒に、それからさらにスタッフが増えたので恵比寿へと拡大・移転していきました。

スタッフを増やせば、その分売り上げも上がる。どんどん上がって、まさに右肩上がりでした。

「売り上げってどんどん上がるものなのか」と勘違いしてしまうくらい、順風満帆でした。

妊娠、出産、ギリギリの毎日へ

　ところが、会社が軌道に乗ったちょうどそのころ、私の妊娠が発覚しました。しかも、男女の双子です。

　会社はますます成長中で忙しかったので、出産ギリギリまで働き、産後は退院直後に採用面接のために出社するというありさまでした。

　一方の育児は双子ということもあり、想像を絶するほどに大変でした。

　産後三週間は九州の母が上京して手伝ってくれましたが、その母も帰るときには三キロ痩せていたほどです。

　一人だとまだ〝いい子〟なのですが、二人が一緒になったとたんにパワーを増し、制御ができなくなります。保育園にお迎えに行って両方の手にそれぞれ手をつないでいても、おとなしく帰れた試しがありません。一人が走り出し、私が追いかける。そのスキにもう一人がまだ逆方向に走り出すといった感じで、一日の終わりには私の体力はもう限界ギリギリの状態でした。


　このころのことを思い返すと、断片的ではあるものの、つらかった記憶や無理をしていた光景ばかりが思い浮かびます。

家で仕事の電話をするときには、相手にこどもたちの声が聞こえないようにベランダに出て話していたのですが、そんな私をこどもたちは追ってきて、泣きながら窓をバンバン叩くのです。私は、相手に悟られないよう窓を押さえながら話したり。

仕事が気になって、こどもたちがそばにいても、ずっとメールチェックをしていたり。

そんな私に対し母からは、「忙しいのはわかるけど、こどもといるときぐらいは携帯を見ないようにしたら」と注意をされていました。

「だって、仕方がないでしょ！　現場に行けないんだから、メールぐらいチェックさせてよ」

とにかく、子育てが原因で仕事に支障が出ていると思われるのがとてもイヤでした。自分にとって、この仕事は趣味の延長ではなく、ビジネスなのだというプライドがあったのです。意地でも「ごめんなさい、実はこどもが……」などというエクスキューズはしたくなかったのです。

会社は成長を続け、新卒の入社希望者も増え、新入社員を多数採用するようになっていきました。一方、スタッフが一気に増え、広いオフィスに移転したあたりから、会社を去っていくスタッフも出てきました。

思い起こせば、そのころから少しずつ会社にほころびが出てきて、私は孤立する経営者になっていっていたのかもしれません。

人が続かない……働きづらい会社に

それまで順調に売り上げを伸ばし、人を増やしてはまた売り上げを伸ばし……とやってきた流れが、あるときから変わってしまっていました。人を採用しても辞めてしまい、定着しないのです。一人去って一人採用。また一人去って、募集広告を出して採用する。その一人も続かず、人材が育つ間もなく、採用に経費がかかるばかりでした。私は「若い子は甘えている。成果が出るまでは、とにかくがむしゃらにがんばるものだ！」とプレッシャーをかけ、追い込んでいきました。

辞めないで残ってくれているスタッフには、営業姿勢や実績に対する追求を強くしていきました。

私自身が、若いころに営業職として常に数字の目標に向かって戦い、その目標を達成し続け、勝ち抜いてきたという自負がありました。

「売り上げを達成してない営業マンは生きる価値なし！」という文化です。今の若い人はそんな文化を笑うかもしれませんが、それを「おかしい」と疑ったこともありませんでした。それが、私の常識だったのです。

売り上げ目標を達成していないのは、自分の努力が足りないからで、達成するためにはどうしたらいいか考え抜き、その実行のためには寝る間も惜しんで働く。成果が出ないのは、お客様の要望に真剣に答えられていないということ、喜んでいただけていないということ。それは間違っている――。

それが仕事の正解だと、信じて疑いませんでした。

「本当にがんばっているって言えるの？　がんばってないよね。結果出してないよね」

社員の言葉に対して、「それで？」「それで？」と追い込むばかりで、結局たいていの会話は社員の「……（沈黙）」で終わっていました。

負のスパイラルの始まり

営業のプレッシャーにさらされ、スタッフは次々去っていくのに、新たな人材の採用・育成はなかなかうまくいきません。

スタッフが去っていくから、採用に労力と費用をかけなければいけない。なんとか採用できても、人材育成に時間がかかるので、すぐには成果に結びつかない。その分、ほかのスタッフが売り上げを上げなくてはいけないから、新人の育成に時間を割けない。その間にも、一人前になる前に営業のプレッシャーでスタッフがまた去っていく。そして、また採用から始める……。

新人が一人前になるまで、半年以上はかかる業界です。新人の教育係を任されたスタッフからすると、時間をかけて教えても自分にメリットがあるわけではないし、どうせ辞めてしまうなら自分の仕事をやっていたほうがいい、そういう社内風土が少なからずありました。

社内が殺伐《さつばつ》として、雑談がなくなっていく、増えていくのはのしかかる営業のプレッシャーだけ。

右肩上がりの時代に拡大路線を目指して、一気にスタッフを増やしたのに、結局、売り上げもスタッフもついては来ませんでした。それどころか、それはまさに「負のスパイラル」だったのです。

なんとか上向きたいという一心で、スタッフを鼓舞するための〝指導〟を行っていました。あるとき、スタッフから「谷島さんが言っていることは、指導というよりハラスメントみたいなものじゃないですか」と言われたときには、あまりにも心外で大声を出したくもなりました。

だからといって、我を忘れて、柄にもなく大声で怒ったりしたら、本当にハラスメントになりかねないので、必死で冷静さを保ちながら話をするようにしていたほどです。

虚しい戦いの果て

それでも勤務条件を始めとする働くことへのモチベーションに関することについて、意見を出し合い、話し合いを続けていきました。が、私とスタッフ、双方の意見があまりにも違っていて、次第に先が見えない長いトンネルに入ったような気持ちになっていきました。どうしたらいいかわからなくなり、女性経営者の先輩に相談にも行きました。

落ち込んでいる私に、先輩はご自身の失敗体験などを話してくださりながら、「谷島さんは組織の経営者として、労働関係法令などももっと勉強したほうがいい。今の悩みは経営者なら誰しも通る道なんだから、がんばらないと」と、アドバイスと励ましをいただいたりもしました。

先輩経営者の話を聞いては、制度面を含めた組織の環境づくりについて自分の意識はまだまだ甘かったと気づかされました。

私はすぐに、組織を「守る」ための制度面における環境づくりが必要だと考え、就業規則を知り合いの社労士の先生に協力していただき、つくり始めました。

それまでの規則に足りないと思われる箇所を一つひとつ洗い出して、追記していきます。最終的には、以前の就業規則の倍以上のボリュームになりました。

この経験で、たしかに私は組織規模に応じてスタッフが働く環境を整えていくことの重要性や、自分が正しいと思うときには冷静かつ毅然とした態度で主張し戦うことの大切さなど、お金にはかえられない貴重な学びの経験を得たように思えました。

でも、最終的にスタッフとの話もまとまって、長い戦いが終わったとたんに、なんだか急に虚しくなってしまったのです。

奮闘している最中には、アドレナリンが出て興奮状態でしたが、すべてが終わってみると心にぽっかりと風穴があいたようでした。

一つひとつ丁寧につくっていったはずの就業規則を見ても、大きなバケツに何カ所もあいた穴を指でふさいだだけのように感じました。それでもまだどこかしらから水は漏れていて、でも、もうそれをふさぐ指は残っておらず身動きがとれない……。

やったことは必要なことだったのだろうけれど、問題を解決するための本質的なことではないのではないか、そんな違和感ばかりが残ったのです。

「今までなんのために戦っていたのかな」

理想とかけ離れていく、仕事と暮らし

仕事だけではなく、家に帰ると待ったなしの双子の育児もありました。近くに助けてくれる祖父母がいない、ワンオペ双子育児です。

公務員である夫も仕事が忙しく、またプレッシャーの多い仕事でした。

私の会社の休業日は一応火、水曜、夫の休みは土、日曜とバラバラで、お互い時間外の出勤もたびたび。そんな中で私たち夫婦はギリギリの役割分担で、まるで綱渡りのような生活をまわしていました。

そんな状況に、私は常に妻として、そして双子の母親として罪悪感を抱えていました。

「私にとって、会社をやる意味ってなんだろう。こどもとの時間を削ってまで力を注ぐことなのかな……」

「私は独善的な経営者なんだろうか。私に仲間はいないの？　みんなが私を訴えようとしているのかもしれない」

疲れのせいもあったのかもしれません。時にはそう思い詰めるくらいに、疑心暗鬼になりました。そんな私に、社労士の先生は忠告をします。

「スタッフとは、適切な距離を置いてくださいね」

真に受けた私は「仲間がほしい」とそう思って起業したのに、気づいたら独り。仲間なんていない、いたはずの仲間もどんどん去って行ってしまいました。

これまでの正解が、不正解になっていた

私が起業を選んだのには、二つの大きな理由がありました。

「自由に生きる」ことと、「同じ志の仲間や組織をつくる」ことです。

それなのに、仕事をしているときは母親なのにこどもと十分に接してあげることができず、夫にも負担をかけている罪悪感、家に帰れば社長なのに子育てを理由に時短勤務で働いていることでスタッフに対する罪悪感と、自由どころか罪悪感でがんじがらめでした。

仲間としてともにがんばりたいスタッフには理解されない、嫌われるという恐怖と、会社のミッションやビジョンをスタッフたちと共有できていないという孤独感を抱えていたのです。

また、創業から一〇年が経過し、マーケットの状況も大きく変わっていました。

リノベーションという言葉の認知度も上がり、家を買う際に中古×リノベーションも一つの選択肢に入る、そんな時代になっていました。

ほかにワンストップリノベーションを行う会社も増えてきて、一〇年ひと昔、今では五年ひと昔ともいえるほどですが、会社設立から一〇年経ったそのとき、「リノベーションで東京の新しい暮らしを提案する」というミッションは、後進にバトンを

渡すときなのかもしれないと考え始めるようになりました。

業界の変化もさることながら、なにより自分に自信がもてなくなっていたのです。スタッフとの出会いや別れを繰り返していく中で、それまで自分が正解だと信じてきたことが、必ずしも正解ではないのだと気づいてしまったとき、判断不能になってしまったのです。

過去の正解も、今の時代では不正解。一つひとつの出来事のゴールを想像したとき、違う判断をしたほうがいいとアタマの中ではわかっていても、違う判断のルートでゴールにたどり着いた成功体験や道しるべがないため、判断がぶれてしまいます。正解がわからず、的確な判断ができない経営者に存在価値なんかあるのだろうか。この時期の私は自分の進むべき道を見失っていました。

そんな限界ギリギリでつないでいた気持ちが、プツンッと切れたのは忘れもしません。二〇一六年のリオデジャネイロオリンピックのときでした。

何気なく見ていたレスリングの試合で、四連覇が期待されていた吉田沙保里選手がまさかの銀メダル。霊長類最強といわれている吉田選手でさえ負けることがある。

「いわんや、私をや」

負けたっていいんだ。もう十分がんばった。吉田選手と比較するには到底値しない私ですが、彼女の涙が自分自身の涙のように感じてしまったのです。

会社を引き受けてくれる人を探そう、そして経営から退こう、そう決意しました。

誰か会社を買ってくれませんか

幸いなことに、いろんな騒動が一段落ついたときには、組織も適度にコンパクトになっており、採用にかかる赤字の補填などが必要なくなっていました。

最後に残っていたわずかな力は、「大事に育ててきたブランドを守ってくれる」、「お客様のフォローを続けてくれる」、「スタッフを引き継いでくれる」、そんな信頼できる会社と経営者を探すことに注ごうと決めたのです。

経営者が交代すれば、会社はもっとよくなれる、みんながイキイキと働ける、そう願い、信じ、引き受け手を探しました。

候補の何社かから具体的な金額も提示されだしたころ、今のオフィスがあるビルを私の会社の自社ビルとして購入しないかという話が持ち上がりました。

「このビルで収益が上がれば、もう少しラクになって、みんなにやりたいことをさせてあげられるのではないか」、すぐ、そんなふうに思った自分がいました。

「あれ、私、やっぱりみんなのことがまだ好きなんだ！」

無理やり、もうおしまいにしようと思い込ませようとしていた自分の心の中に、スタッフへの愛や会社への未練、明日に向かう力がまだ残っていたことに気づきました。

また、相談をさせていただいた方々の中に、婚礼業界の新たなパイオニア的存在である株式会社ＣＲＡＺＹ共同創業者の遠藤理恵さんがいらっしゃいました。

分野や規模は違えど、彼女と私の根底に流れるベンチャースピリットは共通するものが多く、理恵さんなら事業もうまく引き継いでくれるだろうし、スタッフも大事にしてくれるはず、そう思ったのです。

私は、思い切って会社を引き継いでもらえないかと相談に行きました。

ところが、会いにいくと、逆に彼女から質問を受けました。

「ねえ、谷島さん、社長を辞めたいって言うけれど、本当は、何に困っているの？　リノベーションの経営はうまくいっているように見えるし、経営を辞める理由は何？」

「……。人、です。人のマネジメントがうまくできないんです。それに、子育てと経営をうまく両立させる自信もなくなってしまって……」

そんな私に、組織戦略会社ｗｏｒｋｄ代表の田口弦矢さんを紹介してくれたのです。

もう一度、理想へ

渋谷のセルリアンタワーで初めて会った田口さんは、威圧感を感じさせない、さわやかで穏やかな男性でした。

でも心の中では、「優しいふりをして近づいて、会社を安く買い叩こうとしているんじゃないか」と疑っていました。

そのころを振り返ると、仕事でトラブルが続いていたこともあり、警戒心の塊《かたまり》だったと思います。

ところが、重い口を開き会社のことを少しずつ話していくと、田口さんから軽やかに自然に建設的なアドバイスが返ってくるのです。

田口さんの具体的なアドバイスを聞いているうちに、なんだか「試してみたいな」、「まだやり直せるかも」、「社長として自分にやれることがあるのではないか」と思えてきたのです。

田口さんの言葉には、私のガチガチの思い込みや固定観念を溶かして消し去ってくれる不思議な力がありました。

暗闇の中に一筋の光が見えてきたような気がしました。葛藤を重ねながらも「自分の力で本気で会社を立て直そう」、そう思えるようになっていったのです。

そうして、意を決して「辞めるくらいなら、もう一度自分でやってみよう」、そう思い、取り組んだのがリモートワーク「どこでもオフィス制度」を中心とした働き方改革の数々です。

この後、具体的な働き方改革を少しご紹介しますが、それは働き方改革であり、暮らし方改革でもありました。

それが、自分たちの中でしっかりとできていったことが、お客様の働き方、暮らし方、住まい方の実現に結びついていったのではないかと思います。

第4章

"わがまま"な働き方、暮らし方を追求しよう

古い価値観を手放す決意

私が会社を手放したいと思うほど苦しくなっていった原因は、そもそもなんだったのか。それは、ひと言でいえば、古い価値観に私自身がしばられていたためだと思います。

仕事のためなら、プライベートも犠牲にしなくてはならない。納得いかなくてもひたすら我慢、我慢、我慢。結果が出るまでとにかく努力、努力、努力……。そうして、規模の拡大、単なる利潤追求、右肩上がりの発展を目指さなければならないといった価値観。

ラクで楽しいのは罪だ、会社の発展のためにみんなも同じように我慢と努力をすべきだといったような、高度成長期が終わっても生き残るためには当然とされていた考え方です。

リノベーションという事業を通じて、お客様の暮らしに対しては真摯に向き合うのに、自分たちの働き方や暮らしのことは後回しにしなければならないと思い込んでしまっていました。

少し上の世代までは、何をしても右肩上がりの将来が約束されていた、その姿を見て育っていただけに、私は、右肩上がりの経済成長が理想だし、正解と思ってしまっていたのです。

でも、時代は変わりました。

高度成長期から、安定期を経て、低成長期へと移行した現代。経済成長の停滞に加えて、貧困の拡大や環境破壊など資本主義の弊害の部分が極大化していることからも従来の価値観にこだわることへの限界が叫ばれているにもかかわらず、私たちの世代はいつまでも、高度成長期の過去の成功の方程式にこだわり、それを追い求め続けている、そのループから逃れられずにいるようにも見えます。

低成長期の時代を生きなければいけない私たちは、大量生産・大量消費のGDPを指標とした豊かさを追い求めていては幸せになれないのだと思います。豊かさの指標は変わってきています。

私たちより少し下の世代は、ゆとり世代やさとり世代といわれていて、成長ではなくもっと違う豊かさ、充実といったものを重視しています。低成長時代に合った働き方、生き方に幸せを感じるようになっているのかもしれません。

そういった私の意識と周囲の現実とのギャップが、そのまま会社組織のひずみとして表れてしまったのではないかと思います。

もっともっと暮らし方も働き方も、自由で楽しいものにすることができるのに、意識は旧態依然のままで、当時の私と同じように窮屈な思いをされている人も多いのではないでしょうか。

私が実行した働き方改革は、メンバーの我慢や努力に依存することから脱却し、結果として個人のやりがいを重視し、その能力が最大限発揮できる環境を整えること、プライベートも最大限に考慮した働き方の追求でした。

これからの時代の働き方を手に入れる

私たちが理想の「働き方」の構築に着手したとき、まずは理想を可視化することから始めました。思っていることを書き出して、言語化したのです。そうして目に見えるようにすることで、目指すゴールをはっきりとさせました。

具体的には、

・自分を活かすための環境はどんな環境なのか
・どのような人間関係を構築したいのか

この二つの軸を中心に考えると、イメージしやすいと思います。

これまでは「職場にプライベートは持ち込まない」が社員のあるべき姿のように思われていましたが、リモートワークになりプライベートの場で仕事をするようになった今、そういった境界線を意識しすぎるのはかえって不自然に思えます。

自分自身がありのまま、「わがまま＝われのまま」の状態で活躍できる環境を整備することを第一に考えます。

リモートワークについては、コロナ禍前にこの働き方を希望するなら、自分勝手でわがままと捉えられてしまうことも多かったのではないかと思います。コロナ禍を経験し、一段落した今もなお、「無理だ」と思っている人もいるかもしれません。

でも、自分勝手で自己中心的なわがままと、自分本来の姿（＝自分らしさ）を追求しながら自分を成長させていくための「わがまま＝われのまま」は、似ているようで違います。

リノベーションサービスも、理想の暮らしの可視化から始めています。お客様と理想の「暮らし」を実現するためには、目指すゴールのイメージをはっきりさせ、共有することから始めています。私たちが自分らしい「働き方」を見つけるときも、リノベーションと同様に、理想を可視化することからスタートしました。

理想の働き方を想像してみよう

「日々の生活や暮らしの中で、自分は何を大切にしていきたいか？」

「心地よく、楽しく、自分らしく働けるのは、どんな職場だろうか？」

新しい働き方の舞台となる理想的な働き方を探るべく、まずは職場の日常の中で「心地よい」と感じる瞬間、理想的な仕事のスタイルを思い浮かべてみました。

出社して、お気に入りのカップで朝一番のコーヒーを飲む。

大切な仲間たちとあいさつをして、何気ない会話で一日が始まる。

バタバタとあせることなく、ゆったりとした気持ちで仕事に取りかかれる余裕。

数字に追われることなく、お客様のために納得できるまで仕事に取り組める充実感。

週末に予定している家族との時間を思い浮かべ、休日が取れるように仕事の調整ができる自由。

ほかのメンバーの仕事や目指す生き方も共有して、応援し合えるような人間関係などなど。

場面のディテールは人それぞれだと思いますが、そのような「心地よい」を感じられるのが、理想的な職場というように私たちの中ではなりました。

これも、リノベーションの設計を提案するときにお客様にうかがうことです。

同じように、ともに働く仲間の理想についても聞き出していきました。

みんなが思いを口に出すことから始め、ディスカッションしながら共有し、共通した思いを抽出していきます。

これまでは、オフィスに出社することで、言葉にしなくても場所に集うことで感じていた「空気感」や「価値観」を言語化し、可視化していきました。

可視化ができたことで、同じ場所に集う機会が少なくなったとしても、リモートワークで離れた場所にいても、同じ空気感をまとい、共通する価値観をもちながら、安心して仕事に取り組める環境を整えることができました。

そうやって私たちはリモートワークである「どこでもオフィス」など、次の七つの柱をつくりました。

私たちが見つけた理想の働き方❶

中心を〝仕事〟から〝暮らし〟へ

①「暮らしの中心」を宣言する

人生には、さまざまなライフステージがあります。三〇年、四〇年と仕事を続ける中で、それぞれのライフステージにおいて、仕事以上に自分の暮らしの中で大きなウエイトを占めるイベントが出現します。

結婚、妊娠、出産、子育て、教育、更年期、介護……。女性だけでなく、男性にとっても、これらは大事な人生の中での出来事です。

こどものマネージャーであるかのように、保育園や習い事の送迎や行事が自分のスケジュールに組み込まれる時期があるでしょうし、趣味に夢中になっている時期、病気やケガに悩まされる時期もあるでしょう。

私もそうでした。毎日決まった時間にこどもを保育園に送り、決まった時間に迎えに行く。そのために、毎回申し訳なさそうに小さくなって「すみません、お先に失礼します」とまだ働いている同僚に気を使って、罪悪感いっぱいで後ろ髪を引かれながら退社する。

自分の生活の中で子育てが大きなウエイトを占めていて大切なはずなのに、「いえいえ、会社の仕事が私の中心です」という顔を無理やりするしかない日々。

たとえ、入院中の親が生死の境にいても、「今、親が大変なので、仕事どころではないんです」とは言えず、場合によっては仕事のために親の死に目に会えなくても仕方がない。

ましてや、大義名分がないような勉強や趣味は、〝そこそこ〟にしておくのがこれまでの会社員人生。

多様な働き方が求められ、よしとされるこれからの時代は、人生で大切なものを犠牲にしてまで働くことは無理があります。


それよりも、例えば子育て、介護、もちろん仕事でもいいのですが、状況をお互いに理解するために、今、自分が一番力を入れていることを期間も設定したうえで、宣言するのです。それをみんなで共有し、その生き方を応援する。

簡単にいえば、「その人が今どういう状況にいるかをお互いに理解する」ということです。


具体的に実行するときには、私たちは大胆にもホワイトボードに今の人生の中心を書き込むことにしました。

例えば、子育てを暮らしの中心に置きたい人は、「子育て」と書いてしまうのです。書いて、いつもみんなが見えるところに掲示しておけば、「あの人は今、子育てに注力したいんだな」と共有でき、「融通できるところは協力してあげよう」と応援しやすくなります。

もちろん、「趣味」と書いてもいいのです。会社のホワイトボードに「今、趣味の時間の優先順位を高くしたいです」と書いてしまうなんて、ふつうは考えられないですよね。でも、あえて書くのです。

最初は、自分のプライベートなことをみんなに伝えることに抵抗があったようです。みんなふつうにフルタイムで働いていたので、人生の中心は「仕事」と書いていたように記憶しています。

そんな中、自宅のリノベーションを実行中のスタッフが、休暇を組み合わせて一週間の休みを取って、塗装からタイル貼りまでＤＩＹで自宅を仕上げました。彼はそのとき、ホワイトボードに「ＤＩＹ」と書いていました。

みんな忙しかったのですが、そのときの彼がＤＩＹにウエイトを置いていたことを理解し、受け入れていたので、もちろん休暇に文句を言う人などはいません。

今はそんなホワイトボードもどこかに消えて、自然に自分の「暮らしの中心」を話し、それを尊重する社内風土ができています。

こんなふうに、お互いが理解し合えれば、働くことも暮らすことも、もっと自由にわがまま＝あるがままでいられるのです。

私たちが見つけた理想の働き方❷

オフィスは自由

②「どこでもオフィス」にする

我が社が働き方改革に取り組むずっと以前のこと。

女性役員が出産を機に、通常は火・水曜だった休みを土・日曜に変更することを特例として認めたことがあります。妊娠・出産する前から相談を受けていたこともあり、また私自身も通ってきた道なので、土・日曜に無理して働いてもらいたくないという思いもありました。

そこで、土・日曜を休みに、かわりに火・水曜に仕事をしてもらうことにしたのですが、出社しても誰もいないため、自宅でリモートワークということにしました。

その働きやすさを感じていた役員から、「リモートワークを制度として導入したらいいと思います」と提案を受けたことがありました。

「それは難しいんじゃない。不動産も設計も専門性が高いから」

当時の私は、その提案を持ち帰りもせず、ダメだと即答しました。業種の専門性ということもたしかにありますが、自分の目の届かないところでみんなが働くということが考えられなかったのです。

コロナ禍でリモートワークになる前は、ほとんどの人がそう思っていたのではないでしょうか。


いわゆるリモートワークである私たちの「どこでもオフィス」は、自宅はもちろん、カフェであっても希望するなら会社であっても、どこで仕事をしてもOK。田舎暮らしや単身赴任だけでなく、フレックス、在宅など働く場所・時間は基本自由。勤怠は自己管理です。

ただし、月一回（月初の木曜日）は、全員出社日として、各支店のリーダー、田舎暮らしや単身赴任も含めて本社勤務としています。この月一回の出社に関しては会社都合なので、遠方だとしても交通費は会社負担です。

それ以外に、毎週木曜日は基本的に出社日として、近郊のスタッフは本社勤務にしています。

この「どこでもオフィス」は単なるリモートワークと違って、本当にどこでもオフィスとしていいという働き方です。

例えば、本社であればお客様の現場は東京を中心に関東一円にあります。現場と現場の間に、いちいち事務所に戻っていては、かえって効率も悪く、移動だけで疲れてしまうこともあります。

でも、現場と現場の間に、事務所へ戻らずにどこかで仕事をすることができれば、スキマ時間を有効に使えます。

以前であれば、そんなスキマ時間に事務所に戻らないことで、意味のない罪悪感を抱えていたけれど、どこでもオフィスのおかげでそんな罪悪感なく、スキマ時間を有効に使うことができるようになったというスタッフもいました。

設計のスタッフが、イケアのカフェでイケアのキッチンを見ながらプランニングをしたら、よりすごくいいものができる可能性も広がるでしょうし、いいことだらけです。

先日、ランチの場であるスタッフがこんなことを言いました。

「晴れた日に洗濯物を気持ちよく干せることが、どこでもオフィス制度のよさだよね」

「えっ、そんな小さなこと?」と私はおかしくなってしまいましたが、「暮らしを大事に考える」、「自分の心地いいという感覚を大事にする」というのは、そんな日々の生活の小さな満足感の積み重ねだと改めて感じました。

なにより、そのとき、スタッフ全員が「そうそう！」と共感していたのが、とてもうれしかったのです。

晴れた日に洗濯物を干すことができる……。こういった小さな開放感というのは、大いに人の心を前向きに、創造的にしてくれるのです。

そういったことが仕事にも、もちろん暮らしにもいい影響を及ぼすのではないでしょうか。

仲間との距離は「こころの距離」で決まる

③「こころの距離」は常に近く

「こころの距離」は、どこでもオフィスの補完としてできました。

働き方改革以前はみんなと同じフロアにいたのに、私はコミュニケーションを避けている時期がありました。過去のゴタゴタもあり、みんなから嫌われていると思い込んでいたのです。傷つくくらいなら、いっそ業務上の必要なことしか話さないほうがいいのではないかとすら思っていました。

就業規則をつくり直すときに手伝ってくれた社労士の先生からのアドバイスも肝に銘じていました。

「谷島さん、従業員に心を許してはダメですよ。私はたくさんの労使関係のトラブルを見てきましたが、従業員とは徹底的に距離をとったほうがいいんです」

その先生はスタッフと一緒に車に乗るのも極力避けるそうで、一緒に乗るとしても運転は自分、スタッフは助手席ではなく後部座席に乗ってもらうというほどの徹底ぶりでした。考えられるトラブルを避けるためには、距離を極力とるのが一番という考えでした。

業種の違いや個別の事情も考えずそんなアドバイスを単純に真に受けていた私ですが、やがて働き方改革後はリモートワークで物理的な距離ができるのを補えるような、お互いのことを知るきっかけになるイベントも必要だろうと思うようになりました。

そこで、

「どこでもオフィスになるとみんなとあまり会えなくなってしまうから、〝こころの距離〟を近づけるために、例えばみんなで社員旅行なんかどうでしょう！」

と思い切って提案してみました。

すると、スタッフの一人が、

「いくら距離を縮めるといっても、いきなり社員旅行って、そんなのだれも求めていませんよ」

正直に言うと、そのときは少しむかついて、それが表情に出てしまったのですが（苦笑）。

でも、今となってはそのスタッフのほうが正しいとわかります。

みんな家族もいるのに、一泊旅行をするなんて負担が大きすぎますし、仮にしぶしぶ参加をしたとしても大した効果はなかったでしょう。

これも、前時代的な考え方だったのかもしれません。

そうやってみんなとの話し合いで決まった〝こころの距離〟は、営業日は毎朝一〇分だけ、みんなの仕事の状況やトピックスを共有する朝礼をすることでした。

情報を共有することで、フォローや事前対応がしやすい関係性がつくれます。

ほかには、週に一回の出社日である木曜日のランチタイムかカフェタイムに一時間半ほど、ゆっくりみんなでおしゃべりタイムを設けました。

この時間は仕事の打ち合わせではなく、のんびりと会社やプライベートでの出来事をシェアしながら団らんします。この雑談に近い、何気ない会話の中で、各自のプライベートな背景も知ることができます。

例えば、あるスタッフが夕方六時ごろには保育園のお迎えに行くからバタバタしていると知ることができれば、その時間には打ち合わせや業務を入れないようにしようと自然に思えます。

仕事とプライベートは切り離すものとこれまでは考えていましたが、実は社員同士の人間関係やチームワークにとって、お互いのプライベートを含めた状況を理解することがとても大切なのです。相手の今の状況を理解したうえでなら、仕事に対する厳しい要求や困難があっても、誤解を生むことなく良好な関係を築いていくことができます。

相手の背景がわかっていれば、「さぼっているのではないだろうか」と疑心暗鬼で、管理方法を模索することもなくなります。

日本人は基本的に勤勉で真面目ですから！

たまに出社して顔を合わせる日があれば、仕事の話だけでなく意識して雑談をしてみましょう。リモートワークが長く続くなら、雑談をするための「リモート雑談タイム」を設けてみるのもおすすめです。

社員旅行や飲み会など、大げさなイベントは必要ありません。週に一回、朝一〇分のおしゃべりタイムでいいのです。

それだけで、仕事もプライベートも、ストレスレスにできる可能性が広がります。

私たちが見つけた理想の働き方❹

向学心が人生を豊かにする

④学びの時間をつくる

「学び」というと身構えてしまうかもしれませんが、人は誰もが向上心をもっています。

できればアウトプットだけでなく、インプットもしっかりして、知識や教養を高めたいとみんな思っているのではないでしょうか。

でも、実際には日々の仕事や暮らしに追われ、本の一冊も読めない現状に、知らずしらずのうちにストレスや焦りをため込んでいってしまっているかもしれません。

インプットが大切だと、その必要性はわかっていつつも、「自分のスキルを磨くことはプライベートの時間でやること」「自分の価値は自分だけで磨き上げるもの」と、私は決め込んでいました。

そのため、仕事上、情報収集やスキルアップに必要な他社の物件やショールームに業務時間内で見学に行くのに、以前は私の許可を必要としていました。スタッフにとっても、業務に追われている中では、そういった時間を捻出するのはついつい後回し。それに快く送り出してもらえないのであれば、なおさら行く気もなくなるでしょう。

働き方改革ではこの時間を確保するために、現状の業務とは離れて、中長期の自己投資のための「学びの時間」を業務時間内に設定しました。

毎月テーマを決めて、毎週二時間、学ぶ時間を確保するのです。

「芸術に触れる」とテーマを決めて、美術館巡りをするもよし、映画に行っても、展覧会に行ってもいいのです。誰にも遠慮せず、堂々と自己投資のための学びに活用できる時間です。

とはいえ、これも始めた当初はなかなかうまく進みませんでした。なによりもスタッフ自身が「こんなに業務で忙しいのに、学びの時間を取れなんて……」と多少、迷惑顔でした。

でも決まったことは遂行しなければ意味がありません。私は、みんなにしつこいほど聞いてまわりました。

「みなさん、学びの時間は何をするんですか～」

それでようやく、スタッフは若干面倒くさそうに「じゃあ、ショールームに行ってきます」と答えるような感じでした。なかなか最初のうちは、ほかの人たちが仕事をしているときに「映画を観に行ってきます」とは言いづらかったようです。

リモートワーク、特に自宅で仕事をするうえでは、かえって制度としてこういうことができたほうが、メリハリがついて、より仕事にも集中することができるのではないでしょうか。

支えてくれるみんなが大事

⑤支えに感謝休暇

これまで、有給休暇があっても使うのはためらわれ、ひたすらたまっていくものになっていたと思います。

有休を取るのに、「何のため？　何日？」と聞かれ、当然の権利なのに申し訳なさそうに申請するわずらわしさを想像すると、「取らなくてもいいや」となってしまう人も多いのではないでしょうか。

一日でも取りづらいのですから、長期休暇の申請なんてよほどのことがないとできないものです。

そこで、「支えに感謝休暇」というのを設けました。

「支えに感謝休暇」は、文字通り自分を支えてくれている大切な人への感謝を伝えるための休暇で、年に二回取得してもらっています。

例えば、家族の誕生日、こどもの運動会などの行事、結婚記念日、両親の誕生日などで取る場合が多いのですが、事業年度が始まるとき（私たちの会社では一〇月一日）に、あらかじめ各自がいつ取得するかを宣言し、誰のためにどのように使うかを社内で公表しています。

スタッフを支えてくれている人は、みんな会社の協力者。だからこそ、そのスタッフが感謝を伝えるための休みが取れるよう、全社員でその日の実現に向け協力をするのです。あるスタッフは、毎年「仲間と集う日」にしているそうです。音楽仲間のコンサートのお手伝いをするそうですが、「彼らがいるから、僕も仕事をがんばれるんです」と言っています。そんな〝支えに感謝〟も素敵ですよね。

正直に告白すると、最初はさらに休みを増すということにとても抵抗がありました。しかし、ここも発想の転換です。プロとしての仕事がしっかりできるということが大事で、それができるならばどれだけ休んだっていい。特に、今いるスタッフは、自分たちの仕事には手を抜くことなくプライドをもっている人ばかりです。ここがしっかり守られているならば、プロとしてより心地よく働ける環境を整えることを優先します。

みんなの満足度は上がり、よりよい仕事をするようになり、しかも追加で経費がかからないという副次的なメリット（経営者としてここもうれしいポイントです！）がありました。

この休暇は通常の休みとは違う満足感が大きい休暇で、その効果は想像以上でした。仕事に没頭して家族を大切にできないこと、リモートであっても逆に目の前に家族がいるのにそこに手を差し伸べられないことに、みんな罪悪感をもっているのではないでしょうか。

でも大切な日に休暇を取ることで、そんな罪悪感から解放されるのです。この満足感や幸福感が、またいい仕事に向かうエネルギーになります。

私たちが見つけた理想の働き方❻

会社の中の小さな出来事に目を向ける

⑥みんなの係

業務が円滑に運営されるには、目立たないところでの小さな配慮こそが大事だったりします。

ゴミ出しや植木への水やり、お客様用の飲み物の準備など、大きな会社ではそれ専用の課もあるかもしれませんが、規模の小さな会社の場合、運営のためのいわゆる雑務は新人が率先して行い、次の新人が入るとまたバトンタッチという慣習があったりします。私の会社もそうでした。

これはこれで、会社になじむ、業務に慣れるといった点ではいいことです。

しかし、どんどん人が入れ替わっていったとき、私はもはや誰が何をやってくれているのかも把握できていませんでした。手間も時間もかかるのに、目立たないために軽視されがちで、それどころか気づいてもらうことさえなく、感謝もされない。

みんなの係は、そんなことに目を向けたものです。

働き方改革をスタートさせる少し前に入社してくれたスタッフは、みんなが気づかない細かいところにも気がまわるサポート上手な女性でした。建築士の免許はもっていましたが、設計の実務経験はありません。自分が前面に立って、ぐいぐい引っ張っていくタイプではないけれど、こだわりの強いみんなの調整を図り、それぞれの苦手をさりげなくフォローしてくれる彼女がいるから、会社はうまくまわっていました。

でも、改革前の私とスタッフとの共通言語は、目に見えるわかりやすい売り上げの数字だけでした。数字だけに目が行っていたので、彼女が黙々とやってくれていた隠れた業務の数々に気づけず、彼女のサポート力をみんなに伝えることができていませんでした。

みんなの係が制度としてできて、全員で業務を分担することになって初めて、彼女がやってくれていたことが可視化されました。どれだけ彼女に甘えていたのか、どれだけ支えてくれていたのかをスタッフ全員が改めて気づきました。

そんなスタッフみんなのために雑務に時間を割いてくれていた彼女は、実務経験はないけれど、本当は設計業務にチャレンジしてみたかったそうです。

そこで、これまでみんなのサポートに徹してくれていた彼女の希望を叶えるため、ほかのスタッフが自発的に彼女に設計の仕事を教えている姿がありました。

いろいろな雑務も、みんなで力を合わせて行えばとても効率よくできます。またメインの業務以外を係として担当することで、会社の運営に対する当事者意識ももてるようになりました。

みんなの係は、自分の会社を大切にすることにもつながっていたのです。

私たちが見つけた理想の働き方❼

スケジュールで自由をつくる

⑦みんなの時間をつくる

みんなの時間とは、スタッフみんなが共通して都合がいい時間という意味です。

「暮らし中心」、「どこでもオフィス」が定着してくると、各自がそれぞれの用事（子育てや家事、介護など）のことで業務を離れるプライベートタイムが出てきます。

各自が毎日の時間を自由に使えるように、逆に必ず共有する時間という共通ルールも決めました。

・メインタイム　九時三〇分～一〇時

基本的に社内のコミュニケーション（共有・確認・相談）を取れるように予定を開けておく時間。

・サブタイム　一〇時～一一時、一四時～一五時

社内ミーティングを入れる場合は、この時間帯に基本設定。どんな働き方の場合でも、対応できる時間帯で設定する。

・フリータイム　一一時～一四時、一五時～一八時三〇分

基本的に自由に使える時間。

このようにメインタイムとサブタイムの設定により、みんなの時間の価値の最大化が図れます。さらに優先順位を守ってスケジュールを組むことで、働く時間の柔軟性がもて、時間の使い方も工夫次第でいくらでも応用ができます。

みんなそれぞれ違ったライフステージにいるので、仕事以外に費やさなくてはいけないことや時間帯は違っていて当然です。ほかの人に合わせる必要はありません。

私自身、四〇代を迎え、こどもと一緒にいる時間も大事にしたいという思いが強く、会社の代表ではありながら時短で働くこともあります。

これまでは「ごめんなさい、その時間はこどものお迎えでダメなんです」とはなかなか言いづらい状況で、言えたとしても罪悪感がつきまとっていました。

でも今は、みんなの時間を決めたおかげで、夫と分担してこどもの習い事の送迎もできています。

将来は、介護の問題が出てくるかもしれません。保育園の送迎が、病院の送迎にかわる日が来るかもしれません。自分の病院通いもないとは言い切れません。

今は子育てや介護に関係ないメンバーも、ひょっとしたら将来、同じ状況になるかもしれない。誰かの状況が、いつか自分の姿になるかもしれない。そんなことを想像しながら、お互いの状況を受け入れ、歩み寄ってみんなの時間を決めました。リモートワークで自宅で仕事をしているときに、「上司から連絡が来るかもしれない」「リモート会議がいつ招集されるかわからない」、そういったことでお手洗いにも立てず、パソコンの前に張り付いているのはとてもストレスですし、健康にもよくありません。

それよりも、「この時間だけはみんなパソコンの前にいましょう」と決めるほうが、よほどラクになれると思いませんか？

みんなの時間を決めるだけでいいのです。そうすれば、管理なんて必要なくなります。そのためには、離れたところにいるメンバーの状況を理解すること。そこからすべては始まるのではないかと思います。

競わない固定給で、安心して仕事に専念する

営業職出身の私にとって、売り上げの数字は大切な指標の一つ。お客様に満足していただかなければ数字にもつながらないため、数字で評価することが一番だと思っていました。そのため、働き方改革前は不動産を扱う会社ということもあり、仕事の成果は数字に表し、ボーナスは成績にダイレクトに連動していました。成果が出なければゼロ、成果が出ればがんばった分だけ支給するというスタイルです。

でも、がんばればがんばった分だけ必ずしも成果が出るわけではなくなったこの時代。努力の方向性も変えなければなりません。自分らしく働くこと、自分を活かし、ほかの人も活かすこと、そういった努力ができることを評価の対象として主軸に据えるのです。

そこで、給与制度を大きく変えることにしました。

まず、ジュニアグレード、ミドルグレード、ハイグレード、エグゼクティブグレードの四段階の給与グレードを設定し、そのグレードに応じた金額にしました。グレードは、もちろん客観的に見て判定できる固定の基準を設定し、半期ごとの成果と振り返りで決めます。

そして、成果連動だったボーナスを固定にしました。目標額達成への義務感、強迫観念、競争心ではなく、安心して仕事に打ち込めることを重視したのです。

会社が維持できる最低限の売り上げをクリアできれば、年に二回、基本的に給与一カ月分を固定ボーナスとしました。

この競わない評価制度が実現できるのは、私が経営者として「右肩上がりを目指さない」と意識改革をしたことにもよります。お客様であれ、スタッフであれ、自分たちの暮らしに真摯に丁寧に向き合うこと、それを実現することを、右肩上がりの成長より優先させたのです。

目指したのは理想と現実との間にギャップがない世界

でも、右肩上がりを目指さないというのは、売り上げを考えないということとは違います。株式会社は売り上げがなければ、お給料を払うことはできません。会社が成り立たなければ自分たちが求める働き方もできません。そこで定めたのが、会社が成り立つ最低限の売り上げは維持するということです。自分たちで決めた心地いい働き方、暮らし方を守るために、最低限の売り上げを全員で維持する。そして、それを超えたら、決算時に超えた分をみんなで分配することにしました。

こうして、他社やあるいはほかのスタッフと敵対的に競い合うということをなくしました。スタッフ同士の関係もよりよくなり、集客のためや担当しているお客様のための時間が取れないといったジレンマも少なくなったようです。

理想と現実との間に大きなギャップをつくらないことが心地よく生きる術でもあると思いますが、これを仕事において実践したのです。

このように右肩上がりを目指さなくなってから、不思議と逆に毎年の売り上げは伸びてきています。

もちろん、それはそれで大歓迎。

働きやすい環境ができたことで、スタッフの定着率も上がりました。業務に真摯に向き合える環境が整ってきたことで、一人ひとりの業務クオリティが上がり、お互いにカバーし合える範囲も格段に広がりました。

仕事も含めた自分たちの暮らしに真摯に向き合った結果、毎年売り上げは伸びていっています。

本来目指すべき努力の方向性というのは、こういうものなのではないでしょうか。

会社は同じ志をもつ仲間が集まった個人の集合体

コロナ禍をきっかけにリモートワークに踏み切ったものの、単に仕事の場が自宅になっただけでなにも変わっていない……。コロナ禍が少し落ち着いて、以前の働き方のスタイルに戻ってしまった……。そんな人も多いと思います。

でも、こうやって働くことの根本を見直してみるとどうでしょうか。実は、働くことと暮らすことは、二つで一つのセットだったということがわかるのではないでしょうか。

働くことと暮らしとをともに向上させることができるのです。

「満員電車での通勤は会社員であるかぎりは我慢しなければいけない」と思っていたのに、「通勤しなくてもいい」という最大のメリットを享受してみると、「ああ、なんてラクなんだろう」と思う半面、「せっかく家にいるのに、なんの自由もない。かえって家族に気兼ねしながら仕事をしなくちゃならない」など、その窮屈さのほうにストレスを感じている方もいるかもしれません。

でも、そもそもの努力の方向性を見直してみると、もっと仕事も暮らしも楽しく実りあるものにすることができるのです。

私たちの会社では、それを働き方改革として先駆けて実現し、継続してきました。

特に二〇二〇年五月の緊急事態宣言が出されてから、週に一度の出勤日も、月に一度の全体会議もみんなの安全を優先して、オンラインで行いました。

長い期間、オフィスへ出社しない日が続き、それでも会社が動いていくことを経験したことで、改めて

「会社は志を同じくする仲間の集合体である」ことを実感しました。

以前の私は、そんなふうには思えず、「自分の会社」「会社とはこうあるべきだ」と、あたかもオフィスという大きなハコがスタッフ一人ひとりの存在や思いとは関係なく独立して存在していて、そこでスタッフたちが空間をともにしつづけながら仕事をするような場所、それが「会社」だと思っていました。

いろいろなことを経験してきた中で、オフィスというハコの中でスタッフが仕事をしているという外形ではなく、同じ志をもつ仲間が集まった個人の集合体が各メンバーのプロフェッショナルな知識や技術を活かして、やるべきこと、やりたいことを実現する営みこそが新しい時代の会社のあるべき姿であると気づいたのです。

もはや働く場所にしばられなくなった私たちは、望みさえすればどこででも自由に仕事をし、暮らすことができるようになったのです。

これからの時代は、ハコを前提とした会社に所属せずとも、やりたい仕事を自分で見つけ、好きな人とチームを組んで、仕事をすることのほうが主流となるかもしれません。

会社に所属するにしても、その会社にやりがいのある面白い仕事があること、そして志をともにする仲間がいること、暮らしも大切にすることができることのプライオリティーが上がり、「何を」「誰と」「どうやって」やるのかが、今まで以上に重要視されるでしょう。

それが、仕事や会社選びの大きな軸になるのではないでしょうか。つまり、その仕事や会社の「理念」です。

こうやって、仕事や会社というものの概念を考え直し、働き方や暮らし方を考え直してみると、新しい時代はもっともっと自由にしていいのだということに気づけるのではないでしょうか。

新しい働き方、新しい暮らし方、新しい住まいの在り方へ踏み出そう

コロナ禍を経験し、家で仕事をするようになったお客様から「家が快適でリノベーションをして本当によかった！」という声をいただいたり、「より快適な環境をつくるために、追加で取り組めることを一緒に考えたい」という相談をいただくことも増えました。

リモートワークとひと言でいっても、そのスタイルは一人ひとり異なります。

例えば、キッチンの横にワークスペースを併設してつくったお客様は、仕事中もちょっとした家事なら休憩を兼ねてさっさと済ませてしまうそうです。息抜きもできて、家事も進む、まさに一石二鳥の間取りです。

さらに、仕事が終わった後は、ワークスペースをこどもの勉強スペースとして利用することで、料理をしながら勉強を見てあげるという一日の流れもできたそう。

「働く」と「暮らし」が上手にハーモニーを奏でている住まいです。

また、玄関先の土間スペースを利用してワークスペースをつくったお客様は、ワークスペースがリビングから離れているので、家族を気にせず仕

事に集中することができるそうです。しかも、趣味の収納も兼ねているので、好きなものに囲まれて一日を過ごすことができているとか。

ワークスペースを設ける際はどれくらいの広さが必要なのか？

家族も一緒にリモートワークをする？　それとも別々？

冷暖房の問題はクリアできるか？

一時的なものか、恒久的なものか？

家族の生活時間との兼ね合いは？

などなど、それぞれの事情に応じて仕事と生活の場面と状況を整理することで、ますます住まいの世界が広がっていくことでしょう。

今の不都合を我慢しながら暮らすよりも、まずは自分の身の回りのことから心地がいいと思えるモノや環境にこだわってみると、仕事も暮らしも格段に快適になります。

さらに、ずっと長く使えるもの、愛着があるものに身のまわりの環境を整えることで、日々の暮らしが豊かになることでしょう。

それが、仕事や会社選びにおいても大きな軸になるのではないでしょうか。

こうやって、住まいや暮らしという視点で、仕事や会社というものの概念を考え直し、働き方と暮らし方をセットで考え直してみると、新しい時代はもっともっと自由にしていいのだということに気づいていただけるのではないでしょうか。

「わがまま＝われのまま」に働き暮らす

これまでの話を踏まえ簡単に結論のようなものを言ってしまえば、「リモートワークが成功する鍵」は、「心地よく働くこと」です。心地よく働くことができると、自然と仕事の効率も上がります。自分の暮らしも心地よくなり、自分の人生が豊かになります。

リモートワークは一つの働き方にすぎないのに、この働き方をうまく活用するだけで人生まで変わるなんて大げさに聞こえるかもしれません。でも、本当です。二〇一六年から取り入れている私たちが言うのですから。

多くの人にとって、社会とつながりをもって働いている時期は、人生の充実期と重なります。体力や気力も満ちあふれ、社会に必要とされ、収入も得て、家庭人として家族を大切にする責任を果たしながら、さらに自分の趣味も楽しみたい、そんな時期です。

けれど、現実的には働くことが生活の中心になってしまい、特に私たちの世代では働くことが人生のすべてのような錯覚に陥りがちです。ほとんどの人の日常は、通勤時間や付き合いの時間、相手待ちの時間など、他律的な仕事の時間ばかり。仕事に忙殺され、自分の人生や生活、家族を犠牲にして、がんばっているのに罪悪感を抱えながら人生の大事な時期を過ごしているのです。

あっという間に大きくなってしまうわが子としっかり向き合えなかったり、パートナーとの時間が取れなかったり、やりたい趣味を我慢したり……。

でも、リモートワークという手段をきっかけに、働き方や暮らし方、住まいの在り方を見直してみると、すべてを手に入れることも不可能ではないんだということに気づけます。

本書で紹介したのは、私たちが組織として取り組んだ働き方改革ですが、個人で見直すことでも、大きな変化があります。

自分は本当は何を大切にしたいと思っているのか、何が変われば仕事も暮らしももっと充実させ、向上させることができるのか。これまで当たり前だと信じ込んでいたことが、実は違っていたということはないだろうか。

当たり前のように我慢してきた満員の通勤電車というものでさえ、もうなくなりつつあるのですから。

もっともっと、楽しむための努力をしてみませんか？

仕事も、自分の生活も、そして家族も、すべてを大切にしたいと思うのは、贅沢でも自分勝手なわがままでもありません。

せっかくのリモートワークというチャンス、これを機に「働く」を「働楽暮（ハタラク）」にして、自分らしく「わがまま＝われのまま」に働くことも暮らすこともすべてを楽しむ。それが当たり前の時代が、もうそこに来ているのです。

第5章

住まいの新しいカタチ

case1

アトリエのある暮らし

「暮らすほど味を感じる住まいにしたい」、
「多彩な家具や雑貨たちを
うまくまとめてくれる空間をつくりたい」。
そんなO様ご夫妻の思いを実現する
〝ジーンズのような住まい〟。
アートを楽しむアトリエ、アンティーク雑貨、骨董……
多種多様な趣味を包み込みます。

profile

O様邸@東戸塚
40代ご夫婦／71.62㎡／
工事費約1100万円
（設計費、施主支給品含む）

それまで、横浜駅近くの賃貸マンションにお住までしたが、「思い通りの空間を手に入れたい」との思いから中古マンションを購入してリノベーションを、と考えたO様ご夫妻。当初は駅近くでの購入を考えていらっしゃいましたが、予算との折り合いがつかず「何から手をつけていいのかわからない」という状態になり困っていたそう。ならば物件探しからプロにお願いしたいとEcoDecoにいらっしゃいました。

ご主人は「そもそも総予算が現実的ではなく、内装に少し手を加えるだけなのでは？」と思っていたそうですが、「安っぽくならずに自分好みにするにはどうすればいいのか」を一緒に考えていきました。

エリアを広げて探す中で見つけたのが、現在のお住まいです。玄関近くの部屋には、絵を趣味とするご主人のアトリエも設けました。アトリエスペースは、費用もかけず、壁も天井も躯体《くたい》現《あらわ》しのままの仕上げですが、かえってアトリエらしさのある空間になりました。

■before

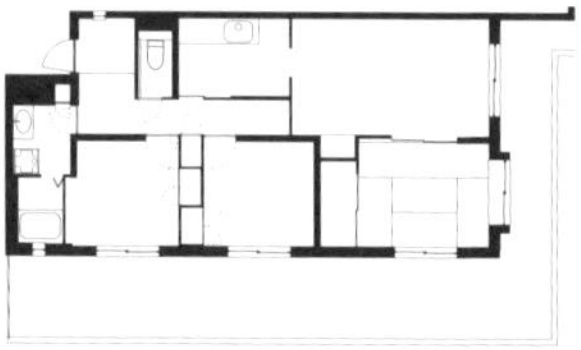

■after

O様が選んだのは、横浜市の最寄り駅まではバス利用が必要な物件。駅からは離れていますが、緑豊かな落ち着いた低層マンションです。南西角部屋のマンションの一室に一目惚れ。広さは約72㎡、物件価格は1550万円、リノベーション費用1100万円(設計費込み)、トータルの予算3000万円以内で理想の住まいを手に入れました。

（上）アトリエは、作業がしやすいように、木を組んでイーゼル代わりに。
（下）躯体現しのままのアトリエは、将来のこども部屋に。壁についた絵の具も味になる。

（上）玄関の壁面には帽子やバッグだけでなく、趣味のレコードや絵を飾るスペースを。
（下）ダイニングチェアはさまざまな家具を組み合わせ、手前は名作家具のYチェア。

(上)キッチンのバックカウンターには無印良品のシェルフを使用。棚などの家具の多くは無印良品のもの。
(下)壁や天井の躯体現し箇所は、既存の壁紙を剥がしたときのパテ跡のバランスを見てご主人が決定。

「壁紙を剥がしたら抽象画のようで、気に入っています。今、しっかりと完成させないことで、絵の具で壁が汚れてもいいし、将来のこども部屋にするときに壁を塗る楽しみもできました」と話されるご主人。

壁や天井はクロスを剥がしたままにするなどして、仕上げに予算はかけませんでしたが、その分費用をかけたのが、玄関からＬＤＫまで続く美しいヘリンボーンの床。面積を削るという妥協もなく実現しました。

「壁はこの躯体現しというざっくりした感じにしながら、床はしっかりとつくり込んだヘリンボーンにする。例えば、きちんとした空間に何か雑なモノを置くと、それだけが浮くじゃないですか。逆に、雑多な空間にきちんとしたモノを置いたら、またそれもなじまない。でも、その両極のものをベースにした空間だったら、中に何を置いてもすべてうまく包み込んでくれるんじゃないかって考えたんです」とご主人。

トイレの壁2面には有孔ボードを採用。お気に入りのポスターやチラシが飾られている。

仕上げに費用をかけないのは、我慢をしているのではなく、その質感がかっこいいから。優先順位をきちんと決めて柔軟な発想で挑み、楽しみながらオリジナリティある家づくりを実現されました。

それまで賃貸暮らしだったＯ様は、リビングのテーブルの上で絵を描いていたそうです。「リノベーション後の今、大学生のときみたいに絵を描くことに没頭できる場所があるってことが、何よりうれしいし休日の楽しみが増えました」とお話いただきました。

（上）ヘリンボーンの床が空間をより広く見せてくれる。（下）クロスを剥がしただけの躯体現しの壁は、まるで抽象画のよう。インダストリアルな空間づくりにひと役買っている。

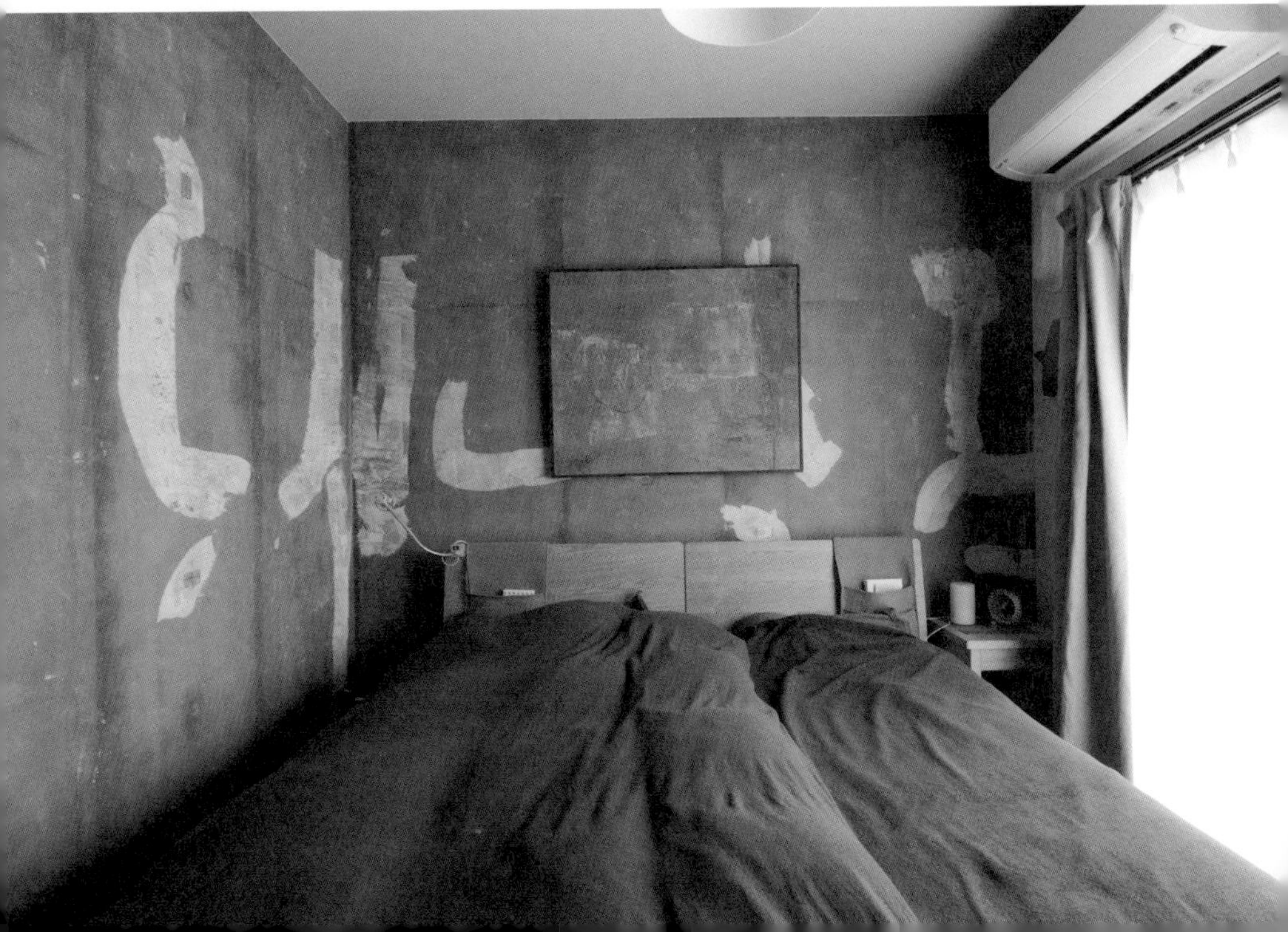

絵の具などを洗いやすい実験用のシンク。P18のG様邸でも採用。

コロンとしたフォルムのドアノブは、WESTのもの。

季節外の洋服や日用品のストックがたっぷり入るウォークインクローゼット。奥の壁は有孔ボード。レトロな暖簾がいい味を出している。

case 2

骨董を眺めながら暮らしたい

骨董と聞いて思い浮かべる、ちょっと重厚で難しそうな世界。そんなステレオタイプなイメージをがらりと変える、のびやかな開放感と広がりを感じるK様邸。モノがもつ美しさや歴史を大切にされるK様のリノベーションのテーマは、物件そのものの魅力を最大限に活かしながら、骨董の舞台をつくること。骨董コレクターのK様は、好きな街で、好きなものに囲まれ暮らしています。

profile

K様邸@青山
30代男性／58.91㎡
リノベーション費約1030万円
（設計費含む）

「骨董を眺めながら暮らしたい」

そんな希望を叶えたのは、とある美術館から程近いヴィンテージマンションの最上階でした。すべての部屋に光が差し込む明るく心地いい空間、そして開放感に一目惚れをしてペントハウスをリノベーション。中国を中心とした美術・骨董の収集が趣味と聞いて、モノがあふれる空間かと思いきや、すっきりとした印象を受けます。その秘訣は、骨董を飾る際〝背景〟となる壁づくりにこだわったこと。背景をシンプルにするために、エアコンをビルトインにする、ブラインドのコードを短くするなどしました。部屋自体は非常にシンプルなつくりです。

北欧のソファ、イームズのチェアなど異なる国籍、時代の家具がセンスよく調和しています。「異素材のコントラスト」を際立たせることもリノベーションのテーマの一つでした。素材のコントラストを意識しながらも抑制を心がけたことが、無理なくまとまった要因かもしれません。時代や歴史的価値から一旦切り離して、造形や質感に注目することで

■before

■after

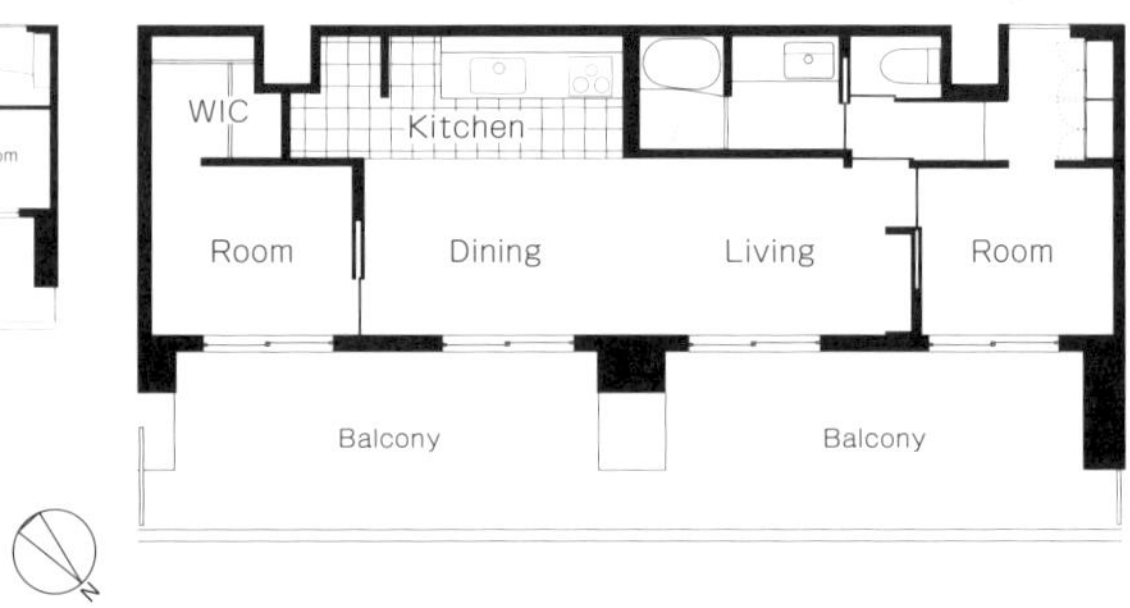

「この部屋は、骨董品を収納する、一つの大きな箱のようなものかもしれません」と話してくださったK様。まだ何も入っていない収納スペースや、掛け軸を飾れるようにと打ちつけただけの釘など、いくつもの余白が残されている部屋は、日々時間をかけてK様らしい空間がつくられていくことを予感させてくれるようでした。

（上）飾る骨董は、季節によってや、美術館に行った後にはそれにまつわるものを展示したりとこまめに入れ替えることも楽しみの一つ。（下）祖父から譲り受けた唐木の棚を美術品の収納に。展示台としても使用。

新しい魅力に気づくこともあります」とK様。

リビングダイニングのフローリングは、購入時のままのものを既存利用。

「このフローリングには長い年月をかけて培われた、この部屋の歴史が刻まれています。その雰囲気に合わせようと、キッチンもアンティーク風にと無理に意図するとかえってなじまないと思いました。そこで、いっそのこと真逆の質感をもつステンレスのシステムキッチンを入れ、床にはグレーのタイルを敷くことにしました」

壁一面に書棚がある書斎は、ほかの部屋と雰囲気を変えるために、壁を漆喰にし、天井には木材を貼り、書棚の棚板には鉄の素地を使用しています。書斎の展示スペースは壁の一部にスリットを開け、玄関から鑑賞できる仕組みになっています。

「壁の一面がすべて窓であることや、天井も壁も凸凹が多いことは、人によってはマイナスポイントかもしれません。でも、この開放感と広がりは私には大きな魅力でした。それに、制約があるほうが面白いと思うんです。骨董の世界でも、説明可能なコレクションはどこか物足りないような、面白みがなく感じてしまうんです。制限のある中でリノベーションを通して、物件のもっている魅力を引き出していくことが楽しかったです。お茶やコーヒーをいれる器は若手の作家さんの作品を使ったりしてこの部屋に暮らすようになって、鑑賞美術だけでなく、モノを使うという楽しみ方もするようになりました。家が教えてくれることがあるんだなと、日々感じています」と、骨董の舞台演出のように住まいも演出されています。

天窓があって、部屋の一面すべてがテラスに面した窓という開放感に一目惚れ。

リビングダイニングとキッチンの境目に配した真鍮の床見切りは異素材をさりげなくつなぐ存在。

（上）頭を悩ませたというダイニングキッチンのエアコン。すっきり見せるために、天井づけのビルトインエアコンを選択。（下）骨董の展示スペースが見渡せる窓際の席がK様の指定席。

鍵入れとして使っている木工品は、20世紀初めごろにスウェーデンでつくられたもの。

もともともっていた書棚の高さに、スリットの位置を合わせてつくられた展示スペース。

玄関側から見た、展示スペース。

case 3

「森に住みたい」を叶える暮らし

仕事中心のご主人は、
アクセス優先で都心を希望。
プライベートを優先し、
本当は森の中に住みたい！
とおっしゃる奥様は自然豊かな
郊外の一軒家を希望。
そんなお二人が選ばれたのは、
お互いの職場へのアクセスも至便な
江戸川区のマンションの
大胆なリノベーションでした。

profile

S様邸@小岩
30代ご夫婦／85.79㎡

S様は、結婚を機に物件探しをスタート。新築マンションでと思われていたご主人ですが、EcoDecoでリノベーションを行った同僚の住まいを訪れてリノベーションに興味をもったそう。「むちゃくちゃかっこいいけど、これはどうやってつくるんだ？」と思い、話を聞きに来てくださいました。

マンションを購入されたのは、相談から二カ月後のこと。仕事柄建築に詳しい奥様が、物件のポテンシャルを見抜き「マンションなのにメゾネットがあって吹き抜けまでついている。おまけにルーフバルコニーまで！」と、すぐにご連絡いただきました。

内見時に見た室内は、細かく壁で仕切られた間取りで、リビングの吹き抜けも今一つその魅力が活かされていない印象でした。しかし、「壁を取り除けばいい空間になる」と即決。

リノベーションで開放的になった吹き抜けにあるのは、四mのシンボルツリー。このアイデアは設計施工を担当した古賀さんによるもの。「この部屋を見たときに吹き抜け部分をどうするかが一番の考え

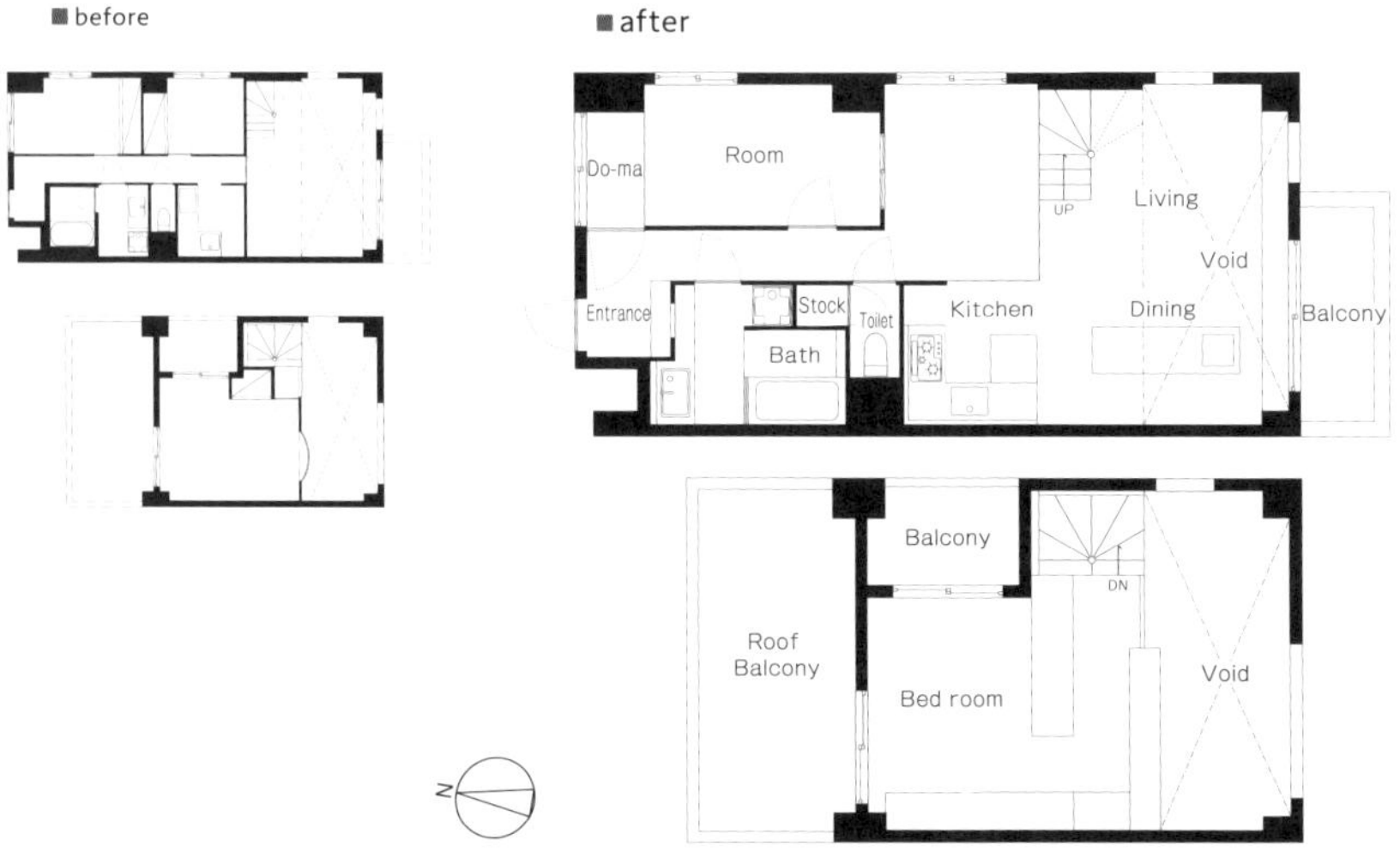

メゾネットならではの、吹き抜けを活かした開放的なLDKを実現されたS様。４mのシマトネリコがすくすくと枝を広げ、窓を開けると風がグリーンの葉を揺らします。出張に出ることも多いご主人に、「帰宅するたびに植物が増えている」と笑われることもあるそうですが、都心にほどよく近いマンションの一室が、森に近づいています。

(上) キッチンの作業台は脚部下の木部を取り外すと、ダイニングテーブルと高さが揃い大きなテーブルとしても使える。(下) 上階からリビングを見下ろす。モルタルに見える床はフレキシブルボード。

リビングの照明はイサムノグチのAKARI 。シマトネリコに負けず劣らずの存在感。

どころでした。吹き抜けといっても実はコンパクトなので、部屋に入ったときに意識をこの空間に向けるモノがあったほうがより広く感じられると思い、縦に伸びるものがいいかなと考えたのです。その結果、でっかい木を植えてみよう！　とシマトネリコを提案しました」

「玄関からＬＤＫ、メゾネットまで、縦にも横にも仕切りがなくひと続きになっているので、主人がメゾネットで仕事をして、私がキッチンにいても、お互いの気配は感じられます。そうでありながらそれぞれの時間の邪魔にならないのが、心地よい空間になっている理由じゃないかなと思います。キッチンで食事をつくったり、植物のお世話をしたり。ダイニングテーブルで本を読むことも多いです。キッチン横の小上がりは、リビングにソファだけが置いてあるよりも、ここでゴロッと寝転べたら気持ちいいですし、用途も広がるかなと思ってつくりました。小上がりに畳を敷いてもいいですし、ダイニングテーブルを置いて、今のリビングダイニングを全部

4mのシマトネリコがリビングからメゾネットへと大きく枝葉を伸ばす。

寝室のある上階には、吹き抜けに面したワークスペースを。

リビングにするのもありかなと、今後の間取りのプランもイメージしています」と奥様。

在来工法の浴室はご夫婦ともにお気に入りの場所。「浴室は暗いほうがなんとなく落ち着くので、前に住んでいた家では電気を消してお風呂に入っていたのですが、調光式にできてよかったです」とご主人。玄関横にあるためやわらかな自然光も差し込みます。

引っ越しをしてから、週末の過ごし方が変わったそうです。「以前は昼まで寝ているなんてこともありましたが、南・東・北面からの三面採光なのでメゾネットには朝から一日中たっぷりと陽光が入るんです。リビングダイニングにもバルコニーから土間まで風がよく通り抜けて、午前中が特に気持ちよく過ごせる家なので『寝ているのがもったいない！』と、だいぶ早起きになりました。シマトネリコを迎えたことで、森の中で朝を迎えているような感覚もありとても気に入っています」

これからどんなふうに磨かれていくのか、楽しみなお住まいです。

(上) キッチンは業務用キッチン。壁はサブウェイタイル。(下) 新木場にあるCASICAで購入した布。左のベージュの布は、醤油をつくるときに大豆を絞る布。右の布は、中央アフリカ・クバ族がつくる草ビロード。

在来工法のお風呂はご夫婦お気に入りの空間。

洗面室と浴室の床は柄入りのモザイクタイル。

玄関に隣接して浴室を配置。お風呂場にもやわらかな自然光が入る。

新婚旅行で訪れたニューヨークのACE HOTELを参考に、現地のホームセンターでパーツを購入。

(上) 白&生成りにグリーン、階段や窓枠に少しの黒がアクセントになった室内。
(下) 植物は、ヴィンテージの木箱や花器、天然素材のカゴに入れてナチュラルに。

case 4

住居用、運用用、遊び用、三つの家を使いこなす

横浜市内のベッドタウンにある戸建てで
暮らしていた六〇代と五〇代のHさんご夫妻。
こどもたちの独立と二十数年暮らした
住宅の住宅ローンが終わるタイミングで
「将来を考えると街暮らしが便利」と、
横浜港が見えるベイエリアの
中古マンションに住み替えました。

H様邸@横浜
夫60代、妻50代／70.72㎡
リノベーション費約1300万円
（設計費、施主支給品含む）

ご夫婦共に五〇代以上になってから住み替えをした H 様。車必須の郊外暮らしから、「年をとると歩くのも大変になる」と、利便性の高い横浜駅周辺の中古マンションに住み替えをされました。近隣や同じマンション内で、リフォーム済みのお部屋も内見したそうですが、注文住宅への憧れがあったことや、DIY好きということもあり、分譲時のままの内装だった現在の住まいを購入。住まいの基礎になる部分はEcoDecoがリノベーションをし、一部の内装や家具をご主人がDIYで仕上げました。

「四〇年くらい前、『BRUTUS』の『居住空間学』特集を読んで、空間づくりの面白さに目覚めました。安藤忠雄や石山修武もそこで知りました。でも、その後に買った家は建売住宅。そこ矛盾してるだろって言われるかもしれませんが（笑）、当時は土地と建物が一緒じゃないとローンが組めなかったりして、注文住宅を建てるのは大変だったんです。それでもその建売住宅を自分でいろいろいじって楽しんでいました。住みながら家をいじるのは大変

今まで住んでいた家は「働く家」として賃貸に出して運用しながら、引っ越し後は、新たに趣味のDIYの製作場としてボロボロの戸建てを横浜市内に購入。住居用、運用用、遊び用、3つの家を使いこなすHさんご夫妻のスタイルは、大人世代がこれからを楽しみながら賢く生きる方法として、参考になりそうです。

（上）街暮らしを体感できる眺め。窓から見えるのは、ベイブリッジに赤レンガ倉庫、湾内をゆっくり巡航する大型船、そして海。（下）シンプルな空間を、ヴィンテージのサイドボードや北欧家具が彩る。

ご主人作のハンガーラック。下部の引き出しは、既製品のプラスチックケースに木の面材を取り付け。

で、結局中途半端になってしまって、妻とこどもには不評でしたけど（笑）」

約七〇平米、元2LDKだった空間を、洗面室と浴室、キッチンを以前は和室だった場所にまとめて、LDKと寝室がガラス框戸で仕切られたワンルーム的間取りに一新。無垢フローリングと白い壁、コンクリート躯体現しの天井というシンプルな空間に。結婚当時にAcme Furnitureで買ったというアメリカンヴィンテージのサイドボードがシックな雰囲気をつくっています。

「リノベーションで叶えたかったことの一つは、窓に面した洗面室。朝、洗顔や歯磨きを明るいところでしたかったんです。洗面室のドアは開けると洗濯機ブースを隠すドアになるんです。ダイニング側を少しでも明るくしたくて、開けっぱなしにできるつくりにしてもらいました」

壁面いっぱいの本棚は、梁に合わせた高さでサイズオーダー。照明器具や電源タップのコードが通せるように、棚板の一部に穴を開けるカスタムがされ

(上) OSB合板でご主人がつくった動く収納の奥にはコート類を収納。
(下) クローゼットの背後にある照明もDIYによるもの。

燦々と注ぐ光と眺望が気持ちいい洗面空間。カットせずに貼り上げられるようタイルのサイズに合わせて壁の幅と高さを計画。壁面に整然と納まったタイルが、海外のホテルのような空間を一層エレガントに見せる。

ています。

ヘッドボードの部分はご主人がDIYで製作されたもの。ほかにも玄関を入ると出迎えるテーラーのようなウォークインクローゼットは、センターに置かれたヴィンテージのチェストを除き、下部に引き出しのついたハンガーラック、可動式のワードローブ、さらに天井際の枕棚など、ご主人がDIYで造作した箇所がたくさんあります。

モノが少ないシンプルな暮らしを実践しているH様ご夫妻ですが、ご主人のライフワークであるDIYの道具や作業スペースはどうしているのかうかがうと「作業場兼趣味の場所としてもう一軒、横浜市の南区に家を買ったんです。前の家はそれなりにきれいに住んでいたこともあっていじることに抵抗があったんですが、新しく買った家は古家つきの土地として売られていた格安物件。ボロボロすぎるので気兼ねなく手を入れることができます。家族みんなに私の〝大きなオモチャ〟と言われています（笑）」と、楽しく住まいと暮らしを融合されています。

(上)独立型のキッチンは、こもって料理をしたいという奥様のリクエスト。
(下)壁面いっぱいの本棚。本棚はmargherita 。

DIYで手持ちのミラーに枠を付け、梁下ピッタリに設置できるようにカスタム。

こちらのチェストはもともともっていたアイアンフレームの台と、リノベ前のキッチンの引き出しを組み合わせてDIY。「あるもの」を使いこなすアイデアがすごい。

上部には寝具が収納されている。
下部には、今後スピーカーシステムを設置予定だそう。

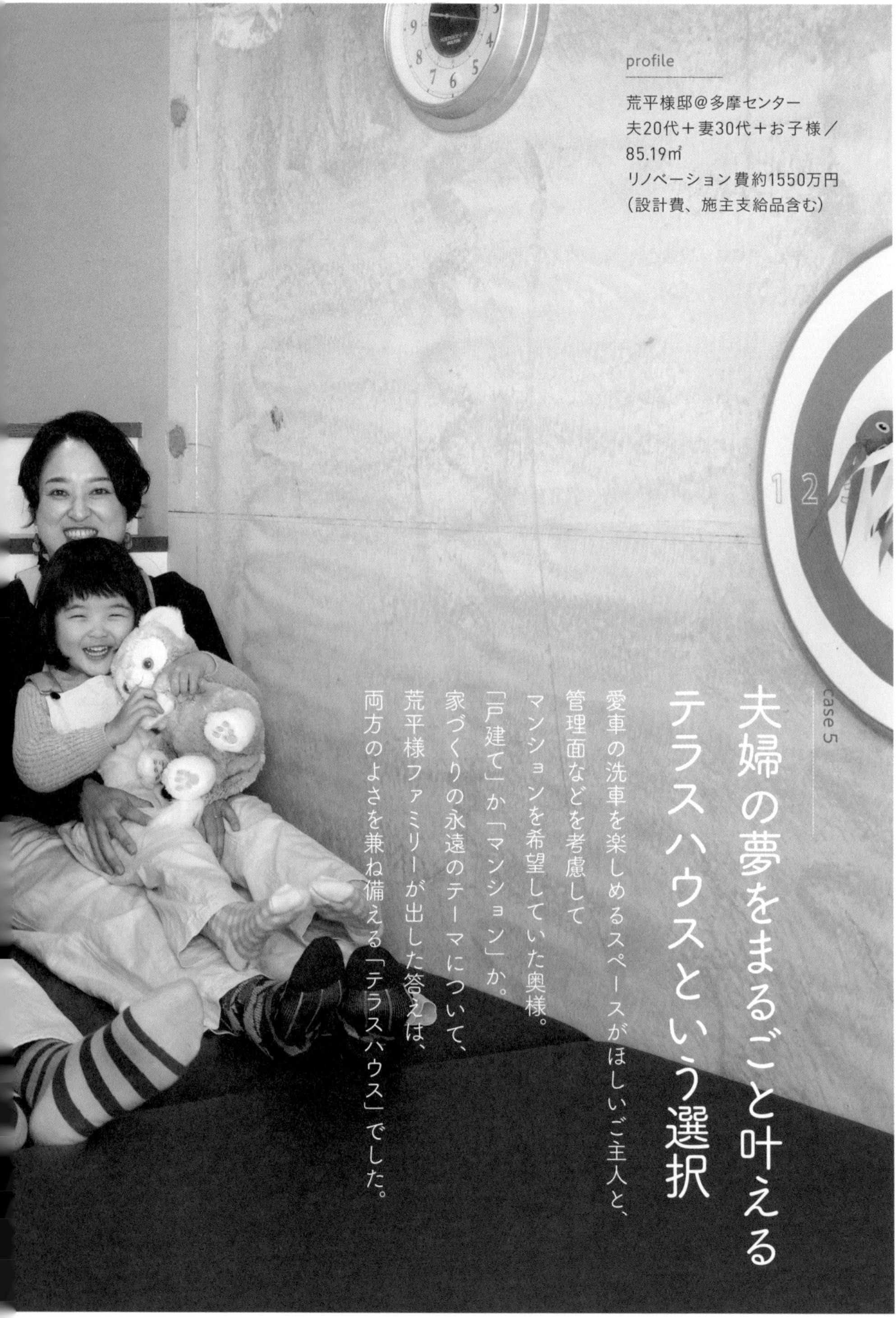

profile

荒平様邸@多摩センター
夫20代＋妻30代＋お子様／85.19㎡
リノベーション費約1550万円
（設計費、施主支給品含む）

case 5

夫婦の夢をまるごと叶える テラスハウスという選択

愛車の洗車を楽しめるスペースがほしいご主人と、
管理面などを考慮して
マンションを希望していた奥様。
「戸建て」か「マンション」か。
家づくりの永遠のテーマについて、
荒平様ファミリーが出した答えは、
両方のよさを兼ね備える「テラスハウス」でした。

NOVEMBER 30TH 1991

以前は、世田谷区に住んでいた荒平様ご夫妻。娘さんが就学するまでに持ち家をと考えていたご夫妻が計画を早めたのはコロナ禍がきっかけでした。

「当時住んでいた家は2LDKでしたが、1LDKのような使い方をしていたんです。保育園もずっと休園で仕事をしながらの子育てや仕事をしてるすぐ横に洗濯物が干されている、そんな状況がだんだんとストレスになって広いところに引っ越したいと思うようになりました」と奥様。

「娘が自分でしまえるように『モノの住所』を決めています。片づけられる人であるかどうかって、子どものころの生活の影響も大きいんじゃないかと思っていて。使ったらしまう習慣づけができていれば、大人になったときに困らないかな、と。前の家ではスペースの都合上、どうしても収まりきらないモノがたくさんあったのですが、この家をつくるときは『モノの住所』が決まる家にしようと意識しました」とおっしゃいます。

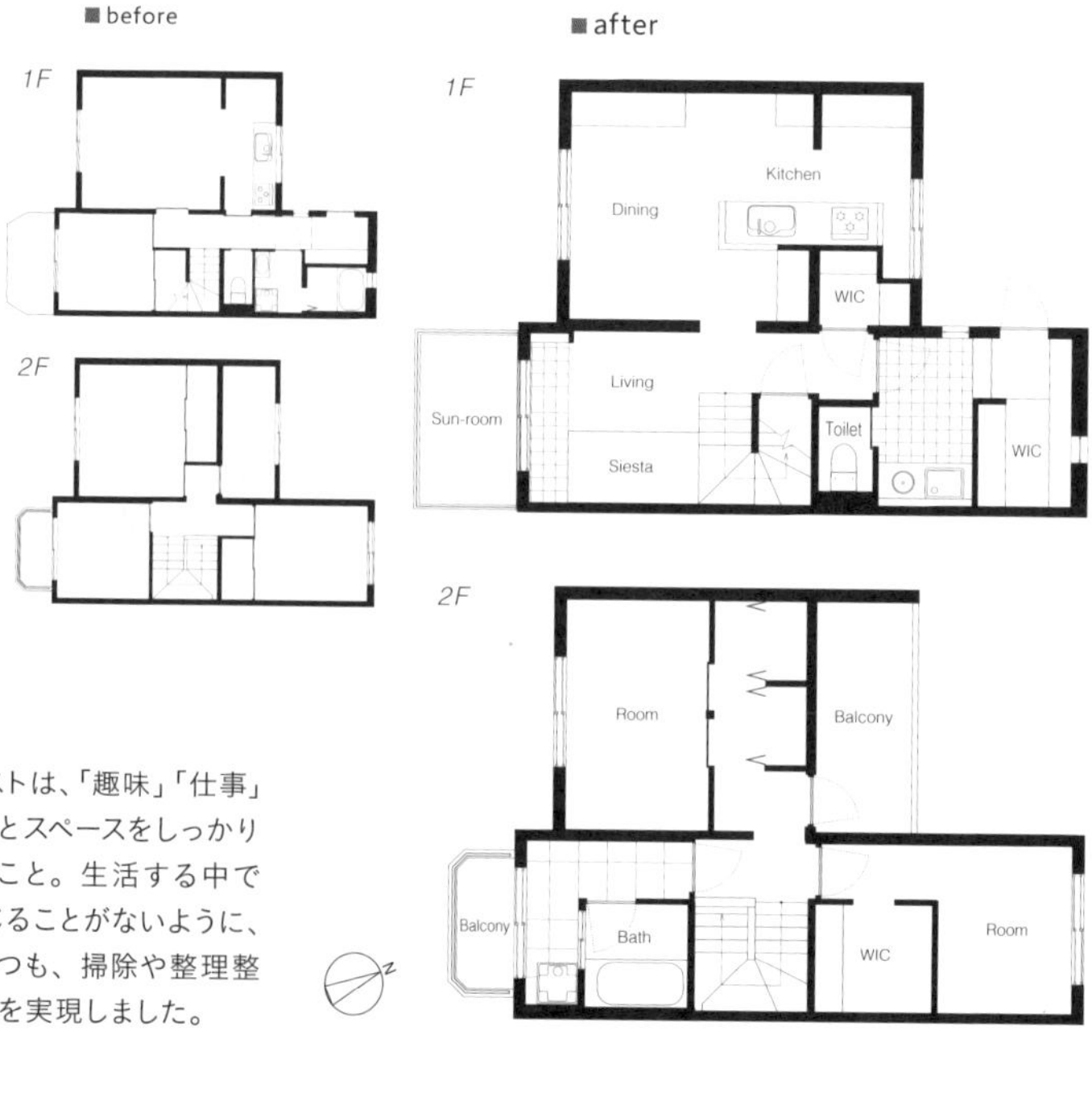

家づくりのリクエストは、「趣味」「仕事」「くつろげる場所」とスペースをしっかりとゾーニングすること。生活する中で暮らしにくさを感じることがないように、見た目を重視しつつも、掃除や整理整頓がしやすい動線を実現しました。

(上) 壁の塗装は、下地のパテ塗りからすべてDIY。
(下) ジャンル別にラベリングし収納しているので調理中にも取り出しやすい。

ダイニングは、家族が一番集まる団らんの場。

「コロナ禍以降、家族でいる時間がすごく増えたにもかかわらず、適度な距離をキープできています。この一年は、サンルームをつくったり、家庭菜園を始めたり、玄関の庭に芝を敷いたり。自宅が快適なので外出したいとは全く思わなくて、時間が許すかぎりこの家にいたいです」と奥様。たくさんのグリーンや雑貨が飾られ、とても明るく楽しそうな空気に満ちていた荒平様邸。娘さんの成長とともに進化する暮らしがとても楽しみです。

ダイニングキッチンの一角に設けたスペースは、奥様がノッティングや織物、手芸など趣味を楽しむエリアに。

（上）壁式構造によって動かせない壁を上手に活かしてパントリースペースをゾーニング。（下）荒平様邸の魅力を高めているのが、夫妻によるDIY。寝室の壁は、鉛筆で下書きをして細かく塗り分け。

吹き抜けの上に天窓があるおかげで、日差しがたっぷりと差し込むサンルーム。

玄関の正面にウォークインクローゼット。モルタル仕上げの扱いやすい床。

在宅ワーカーの奥様の仕事場は2階の書斎。将来はご夫婦の寝室にすることも計画中。

洗面は玄関からダイレクトに使える場所に。形が違うダブルシンクは奥様のこだわり。

有孔ボードを利用した
お子さん用の壁収納。
自分で収納できる高さ
に設定。

五つの暮らし、いかがでしたでしょうか。

ニューノーマル時代の新しい住まいの考え方。自分たちが望めば、場所に縛られることなく、金銭的負担を大きく負わなくても自由な発想で理想の暮らしを手に入れることができるようになりました。

今、じっくりと住まいについて考えてみるのにとてもいい時期だと思います。

今回ご登場いただいたお客様の暮らしも、一つとして同じものはありません。始めから、理想の暮らしを思い描いて、EcoDecoを訪れる方ばかりでもありません。

映画や雑誌の中の暮らしからアイデアを得て、そこから少しずつ近づけていくという方法もあります。

じっくりと時間をかけてお客様の理想を引き出し、カタチにするお手伝いをしていますので、今すぐ理想の暮らしが思いつかないという方は私たちと一緒につくっていきましょう。理想の暮らしは、雑誌の中にはありません。一人ひとりの胸の中にあります。ぜひ、自分の中の心地いい理想の暮らしとは何か？に目を向け自分自身と会話をしてみてくださいね。

付録❶ それでも変われない人のために

私が〝こうあるべきだ〟という働き方でがんじがらめになっていたときに、ほぐしてくれて、救ってくれたのが、ｗｏｒｋｄ代表の田口弦矢さんでした。田口さんと、一緒に私の〝べき論〟を振り返った対談の記録をここに掲載します。みなさんの〝こうあるべき〟を解きほぐす参考にしていただければ幸いです。

経営コンサルタント田口氏×谷島（二〇二一年一月）

「こうあるべき」を崩し、「大切」を築く

田口　僕が最初に谷島さんの本（『中古を買って、リノベーション。』東洋出版）を読んだとき、ここに谷島さんのやりたいことや思いがすべて散りばめられていると感じました。ですが、会社の実態とは違っているのではと思う部分がありました。例えばお客様には「自分の本質的な生活を大切に」と言っているのに、社員や谷島さん自身の生活は大切にできているだろうか、とか本の中の理想と現実のすり合わせをしたら、いろんなことが解決するのではないかと思ったんです。

谷島　そうだったんですね。

田口　だから、「谷島さんの大切にしたいものを大切にしましょう」というシンプルな発想から始まって、その思いに沿った文化醸成とマインドセットさえできれば、この会社は必ずよくなると思いました。ですが、そのマインドシフトはなかなか難しそうでしたね。当時、「あ、そうやっていいんですね」という言葉を、いつも谷島さんから聞いていた記憶があります。

谷島　たしかに言っていました！「あ、そうやっていいんですね」って（笑）。

田口　谷島さんは「こうするものだ」という思い込みが強い部分があったから、その「当たり前」を崩して、「大切なもの」に近づけるお手伝いができればと思っていました。例えば、「会社組織である以上、スタッフと仲良くしてはいけない」みたいな思い込みとか……。

谷島　そうなんです。それまでの経験の中で、いろいろと刷り込まれていたのかも（笑）。「会社にプライベートを持ち込むな」とか、「会社は我慢する場所。滅私奉公をするもの」とか。私だって家事や育児などいろいろ犠牲にしているんだから、それが当たり前だという気持ちがどこかにあったのだと思います。

田口　今の若い人たちの多くは、会社という場所を日常生活の一部ととらえていますよ。昔は、会社にプライベートを持ち込まないとか、お互いプライベートに踏み込んではいけないという風土がありましたが、今は逆に踏み込んで、相手のことを聞いてあげないとダメな場合もあります。社員の状況がわからないとケアしてあげることもできません。経営者にとっては、採用して育てた社員が辞めてしまうのが一番のリスクで避けたいことですよね。

谷島　はい。そのことに一番苦労しました。

田口　だったら、今働いてくれているスタッフが無理なく続けられるように工夫すればいいわけです。そのためには、その人がどういう状況にあるかを理解するのが第一歩です。例えば、今子育てが生活の中心になっている人がいたら、できるだけ働く場所や時間を選べるようにするとか。「困ったときはお互いさま」の発想で、どんどんプライベートに突っ込んでいけばいいんですよ。……というような話を当時しましたよね。改革のときに。

谷島　そうそう。それで、リモートワークができる制度とかをつくりました。人事管理や評価に迷った私でしたが、田口さんに「どこで働いても、成果が上がっていればいいんじゃないですか?」とアッサリ言われ、「ああ、そうか! そういう働き方もアリなんだ!」と気づかされました。

田口　会社の売り上げについても、始めは「売り上げは上がり続けなくてはいけない」と言っていましたよね。

谷島　はい。「必ずしも右肩上がりを目指さなくてもいい」と言われたときは、まさに〝目からウロコ〟でした。

田口　「会社とはこうあるべきだ」という思い込みを解きほぐして、「会社にとって本当に大切なもの」をみんなで話し合って、気づいてもらう手助けが僕の役割でした。

本気で変わろうとしている者だけが変われる

谷島　いろいろあって、判断の軸を見失い、すっかり自信をなくしていたんです。スタッフにも嫌われているのではと思い込んでいましたし……。

田口　ヒアリングでは、誰もそんなことは言っていませんでしたよ（笑）。逆に「もっと任せてくれたらいいのに」と言っていました。

谷島　もう、誰を信じていいのか本当にわからなかったんです。社長はネガティブなことを決して言ってはいけないとも思っていたし。

田口　たしかに、経営面で社長が悩んでいるときの相談相手は、社員には難しいかもしれませんね。評価する側／される側の関係ですから。役員とか外部の経営者とか、フラットな立ち位置で話を聞いてくれる顧問がいたら一番いいですね。

谷島　経営コンサルタントは？

田口　コンサルタントは、たいていは成果を上げるために雇われている場合が多いですから、単純に話を聞いてもらうだけの関係は難しいかもしれません。今回の僕は、仕事というより、友人の紹介で話を聞くという立場からのスタートでしたので少し違う部分もあったかもしれないですが。

谷島　そうですね。救世主でした！

田口　ただ、「働き方改革をしたい」というご要望を受けて、今回のようにアドバイスさせていただきながら改革を進めても、すぐに成果を出そうとする経営者はたいてい失敗します。結果を急ぐと、社内でハレーションを起こします。働き方改革に一番大切なのは「経営者の意識改革」と「社内文化の熟成」。それには、時間がかかるからです。人の心が変わるには、相当長い時間が必要なものです。

谷島　はい、痛感しています。あれから四年、今ようやく、当時を振り返って客観的に見つめ直すことができました。自分のためにもスタッフのためにも、そして、今、同じように悩んでいる方々のためにも伝えたい思いがあります。

田口　一番大切なのは、経営者が本気で会社を変えたいと思っているかどうか。テクニックでもなく、誰に頼るでもなく、自分が変わろうとしているか。僕はそこを見ます。本気で変わろうとしてない経営者にコンサルしても、やはり変わりません。実行するのは本人ですし、会社経営はその後もずっと続くので。

谷島　私の場合、本当にどん底にいましたから、本気も本気。会社を手放すのを思いとどまってからは、なんとか会社を変えたいと強く思っていました。

田口　会社がうまくいっているときにアドバイスをしてもダメなんですね。どん底になって初めて、人の話が素直に聞けるものかもしれません。

谷島　はい。私は、自分の未熟さや視野の狭さからどん底に追い込まれたことをきっかけに、会社のミッションやビジョンを見直して、会社の「働き方改革」をいち早く成し遂げることができました。そして今は、コロナ禍という外圧のために、多くの経営者が働き方を早急に見直さなくてはいけない状況に置かれています。でも、これは見方を変えれば、経営者だけではなく社員にとっても、働き方や生き方を本気で見直していくことができる、変革のチャンスだと思います。幸運にも、私の会社は、「なんの準備もなしに、外からいきなり制度を変えさせられる」という苦労をせずに済みました。会社の課題に自分で気づき、みんなの思いを聞いて、それを一つひとつ丁寧に言語化することにより、ミッションやビジョンを決めるところからリ・スタートできました。改革には、手順も大切なのですね。

付録❷ リモートワークを成功させるための五つの鍵

もう一つ付録として、リモートワークを成立させるためのコツをお伝えしたいと思います。

私の会社では、業種柄、スタッフは普段からスーツではないので、服装の問題などはありませんでしたが、ある会社では、リモートであっても、朝一番の会議だけはスーツで出席するようにというルールだそうです。それによって、業務に入るための意識を高めるというようなものでしょうが、果たしてラフな服装でいいのか、きちんとした格好でなければいけないのかといった点も、各個人任せでは非常に悩みの種となったりするかもしれません。リモートワークの決まり事を話し合うことで、そういった余計な悩みを抱えずに済みます。そうすれば、多少はリモートワークの不安やストレスを取り除けます。

1、人間関係構築のための「雑談タイム」

リモートワークになると、プロジェクトを推進していくためだけのコミュニケーションになりがちです。顔を見ることはできても、話すのは業務のことばかりであったり、一方通行の話であったり。お互いの人間性やキャラクター的な側面に触れないでいると〝心の距離〟が離れ、チームビルディングが達成できないばかりか、コミュニケーション不足により、ふとしたすれ違いから不信感を暮らせることにもなりかねません。

このような状況を避け、信頼関係を築くために必要なのが「雑談」です。雑談に関する本もたくさん出ていますが、リモートワークを成功させるのに必要な雑談タイムは、業務以外のお互いのプライベートの話ができる時間。かつては、「職場にプライベートを持ち込まない」が会社員の〝あるべき姿〟のように思われていましたが、リモートワークが定着し、みんながプライベートの場で仕事をすることも増えた今、その境界はかえって不自然です。

こどもがいるのかいないのか、ペットはどうか、介護などをしているのかなど。そういったプライベートの空間が全く想像できなければ、相手の立場に共感できないばかりか、不信感が増していくことにさえつながります。

私の会社では「こころの距離」という制度をつくり、リモートワークになっても、週一回はスタッフが集まって、仕事の話に限らず近況報告など自由な会話を楽しむランチタイムの場を設けました。あえて制度にすることで、「雑談」する時間を設けたのです。

もし、制度として構築することや実際に会ってそういった時間を設けることが難しい場合は、Web会議などの最初の数分間を使って雑談のための時間としてみましょう。

プライベートの話などは急にはしにくい雰囲気になるかもしれませんが、そんなときこそ、経営者やリーダーがマネジメント能力を発揮して、「後ろでこどもの声が聞こえるかもしれないけれど、許してね。あなたのところはどう?」、「お子さんも学校がお休みなんじゃない？　何か困っていることない?」と、相手の気持ちやタイミングを見極めながら、どんどん〝プライベートに介入〟してください。

そんな雑談の効果、いわば「雑談タイム」による相互理解は、リモートワークの生産性を上げることにも、メンタルヘルスケアにもつながります。特に、入社当初は一度も、あるいは数えるほどしかリアル出社したことがなく、リモートワークで仕事が始まってしまった〝リモート新人社員〟も少なくないと聞いています。同じ部署のメンバーと対面することなく、リモートワークが増えることによる不安や孤独にも寄り添うことが大切です。わからないことがあったとき、社内のように周囲の人に気軽に聞くことができなかったり、チーム一丸となってのプロジェクトの中で感じるような一体感をもてなかったり、単純に「みんな何してるかなぁ」という寂しさであったり……。

ぜひ雑談タイムを活用して、社員同士の自由なコミュニケーションの場を設けてほしいと思います。ただ、オンライン飲み会などに頼りすぎてしまうと、それはまたそれでスタッフの負担にもなりかねないので、気をつけてください。

2、相互リスペクトができる「フラットな関係」

みなさんは、オンラインミーティングなどでパソコンやタブレットの画面の向こうにいるメンバーの姿を想像することができているでしょうか。そのうえで、話ができているでしょうか。

リモートワークを取り入れるということは、物理的に相手との距離が離れてしまうということなので、直接的なコミュニケーションが取りづらくなり場の雰囲気などがつかみづらくなります。そのような中上下関係だけではなく、同期のメンバー間でも、お互いの状況理解と共有ができていないと、配慮を欠いたり、誤解が生じたりします。そのため、普段は冗談で済んでいることでも、すれ違いのもとになり、相手との距離をつくってしまうきっかけになりかねません。このような状況では、みんなの気持ちが一つになれず、プロジェクトの推進力が落ちてしまいます。誤解やすれ違いを回避するためにも、お互いのことを知り相手に寄り添いながら、直接顔を合わせる場以上にお互いをリスペクトし、丁寧なコミュニケーションを取るようにすることが大切です。

3、リモートワークに適しない業務への「理解と共存」

メリットの多いリモートワークですが、残念ながらすべての職種で可能なわけではありません。医療・福祉従事者などの対人援助職やモノ（現物）を取り扱う流通・物流・運輸、作業現場や工場に行かなくてはいけない建築や製造、接客業などの職種では、一部の作業はリモートに切り替えることができても、メインの業務を完全にリモートワークに移行することはできません。同じ会社でありながら、その部署が担当する業務の種類によってリモートワークができないというのは、不公平感が増します。

特に少し前のコロナ禍真っ只中の状況下では、〝どうして、私たちだけ命の危険を冒してまで出社しなくてはいけないのか〟という声さえ上がっていたかもしれません。

仕組みが整わない中、出社している人が出社してない人の分の、アナログ的な作業まで任されてしまうこともあったかもしれません。「あの書類を印刷して、〇〇に渡しておいてもらえますか」

というちょっとした用事から、誰が対応してもいいけど時間を取られてしまうような電話の応対まで。

コロナ禍を経験し、全員がリモートワークに対応できるわけではない実態が明らかになったにもかかわらず、全員できることを前提に物事が進むと、その無理解な方針や仕事の進め方に対するストレスや不信感が見えないところで増幅します。そんな感情的な不満などを解消するためにも、リモートワークに適しない業務を含めた状況の把握と理解がとても重要になります。それによって、リモートワークをできる人もできない人も不公平感を抱くことなく「共存」して力を発揮できる環境づくりにつながるのです。

4、業務の進捗と環境整備の「管理」

「リモートワークでも生産性を低下させたくない」「業務効率を下げたくない」というのが各企業の課題でありながら、実際には、このコロナ禍のリモートワークで「生産性が低下した」という実感をもつ人が多いというアンケート結果を耳にすることもありました。

しかし、この結果は、必ずしもすべての企業が「リモートワークでは生産性は上がらない」ということではありません。逆に「思った以上に生産性も上がり、ほとんど支障はない」という企業も実際にあるからです。

その差は何かというと、「個人のパフォーマンスを発揮・維持できる環境づくりができているかどうか」ではないでしょうか。

そもそも、「徹底的に管理しなくては従業員の生産性は上がらない」という発想が間違っています。経営者や管理職が管理するのは、「人」ではなく、「業務の進捗状況」です。それを可視化して、みんなで共有できるように進めるのが管理者の役割です。リモートワークのストレスは、実は、経営者や管理者が業務管理という名のもとに、行き過ぎた「管理主義」を押し付け、リモートワーカーの「自由」を必要以上に奪っていることに起因することが多いのではないでしょうか。

勤怠時間の管理だけでなく、その間、ずっとパソコンの前で待機していなくてはならないのは出社しているときよりも、ある意味で緊張を強いられ、ストレスや不満から信頼関係も薄らぐばかりです。これでは、メンタルヘルスに大きな悪影響を及ぼすことも必至です。

管理すべきは人ではなく、業務の進捗と環境整備。くれぐれも人を管理しようとしないことです。

5、オンライン／オフラインで切り替える仕事の進め方

リモートワークがいいとはいっても、なにもかもをオンラインでやるのは、やはり効率的ではありません。

まずはプロジェクトごとに、オンラインでやる仕事のメリット、デメリットと、実際に顔を合わせた対面型のオフラインでやる仕事のメリット、デメリットをみんなで共有することからスタートしましょう。それにより、プロジェクトがよりスムーズに進みます。

そこから、オンライン／オフラインの仕事のやり方の前提条件をしっかりとすり合わせます。

画面上でのトーク、チャットの活用、テキストでの文章の共有方法や資料のシェア方法、そしてプロジェクトの進捗の確認やアラート、ケアなどツールの使い方や使用するシチュエーションなど細かいようですが、そういった一つひとつのコミュニケーションツールの活用法について定義し、共有します。

私たちはそれによりプロジェクトの進め方一つをとっても、考え方ややり方がそれぞれ微妙に違うことに気づかされました。それぞれの立場で考え方も異なりますので、さまざまな次元や目線でのすり合わせも必要です。それによって、上位者や経営者の仕事の進め方に現場の第一線のスタッフが理解を示したうえでプロジェクトを進めることを可能にするという利点にもつなげることができました。

スタッフ同士が顔を直接合わせる機会が減るからこそ、都度の確認、そして状況を共有し合える環境をつくることが、リモートワークを円滑に進める近道だといえます。オンラインとオフラインで仕事の内容や進め方を切り替えていくということが、重要になってくるのです。

コロナ禍で多くの企業がそうであったように、リモートワーク自体は簡単に導入することができます。とはいえ、導入して終わりではありません。「コロナ禍で仕方なく導入した」「私の会社には合わなかった」「思うように成果が出なかった」という場合は、そのほとんどが、ただ他律的に制度を導入しただけだからです。

ぜひ、より新しい働き方としてリモートワークを真に定着させ、成果を上げ、それによりもっと理想的な働き方、暮らし方を手に入れていただきたいと思います。

おわりに

本書を書きながら自分の歩んできた道をたどってみたら、いつも「自由」に向かって、もがきながら手を伸ばしていた私がいました。

二〇代後半で起業したのも、「自分の生き方において自由でありたい」というのが一番の理由でした。子育てをしながらでも自分らしく生きるために、働き方をオーダーメイドで組み立てるには起業という手段が一番の近道のように当時は思えたのです。

実際に現在、小学生の双子の子育て中で、自由に使える時間は少ないものの、ある程度自分の裁量で育児や仕事に使う時間配分を決めることができています。自分で選択肢をつくり、自ら判断・決定できるという意味において、体力的には大変なことはありますが、少なくとも精神的には自由であり続けることができています。

起業を思い立ったときも、「住まい」に自由を求めていました。既製の間取りを自分に当てはめるのではなく、自分の好きなように暮らしをデザインできないものだろうかと。「二〇代の私でも手が届く価格帯で、自分にぴったりの心地よい住まいが欲しい」という思いを実現するため、「中古を買って、リノベーション」のサービスをスタートさせました。私にとって、「中古を買って、リノベーション」は自由への唯一の近道であり、暮らしの心地よさへのこだわりでした。

そして、創業から一〇年以上が経過して、今度は「働き方」にも自由な選択肢を求めて、社内の改革に踏み切ったのです。「自分の暮らしを大切にする会社」に生まれ変わったことが、私や私の会社に心地よさを与えてくれただけでなく、このように書籍という形でみなさんにも伝えたいと思えるようになりました。本書が、多くの人々にとって「自由な働き方」を考えるきっかけになれば、こんなにうれしいことはありません。

住まいが、ライフスタイルの変化によって、その時々で心地よいと思えるように手が加えられていくように、私たちの会社の制度も一度つくって終わりではありません。同じ志をもってともに働くメンバー全員に目を向け、各自がよりよいパフォーマンスを出せるような環境を自分たちの手でつくる。間違った方向に走りそうなときは、みんなが声を上げる。このようにして、今の自分たちにフィットする働き方を求め続けていくことが大切だと思います。

私にとって、「自由」といつも隣り合わせなのが「責任」です。自由な選択肢をもつならば、その選択に対して責任の取れる自分であることを課してきました。「自由」と「責任」のバランスを楽しむことが、人生を豊かにするためのチャレンジでもあり、スパイス。それが、私らしい人生であり、「自由であること」の意味なのです。

本書は、今いるスタッフだけではなく、去っていったスタッフ一人ひとりのことも思い出しながら書きました。過去のお客様インタビューをすべて読み返しましたが、そこには、お客様の暮らしに一生懸命向き合ってきたスタッフのこだわりも詰まっていました。ときには、スタッフと意見がぶつかったこともあります。私のマネジメントが至らなかったこともある中、それでも私と同じ思いで、ずっとお客様の暮らしに寄り添ってきてくれていたことに改めて感謝しています。

そして、会社の危機を切り抜けるために惜しみなく力を貸してくださった遠藤理恵さんと田口弦矢さんにも深く感謝申し上げます。理恵さんの、仕事もプライベートも、生きることすべてにおいてブレない姿勢に衝撃と感銘を受け、大切なことを学ばせていただきました。そして、我が社の働き方改革を引っ張ってくださった田口さん。私だけではなくスタッフたちも、働き方だけにとどまらないライフスタイル全般に大きな気づきをいただきました。「田口さん、聞いてください。ある年のMVPを決める納会で、一人のスタッフが『みんなが働きやすい環境をつくってくれた〝この会社〟こそMVPです』って答えてくれたことがあったんですよ。会社、変わりましたよね」。

最後になりましたが、本書の発刊に際し、ご支援いただいたプレジデント社の桂木栄一書籍編集部長様、完成に至るまで辛抱強くサポートしていただいたメディア・サーカスの作間由美子社長、副社長の飯嶋容子様、わかりやすく楽しい文章にするために力を貸してくださった谷口さん、ずっと寄り添い、応援し続けてくれたまさ美さん、いつも私を支えてくれている夫とこどもたち。みなさんの協力があって本書を完成させることができました。この場を借りてお礼申し上げます。

二〇二三年五月　谷島　香奈子

谷島香奈子（やじまかなこ）

株式会社Style&Deco代表取締役
1978年生まれ。佐賀県出身。業界に先駆けて、中古物件の紹介から、資金計画、リノベーションまでをトータルに提案・コーディネートするワンストップサービス「EcoDeco（エコデコ）」を立ち上げる。そのほか、ヴィンテージマンション秀和レジデンスに特化した不動産サイト「秀和レジデンスマニア」や50代からの大人のライフスタイル実現をサポートする「totonoi（トトノイ）」などを運営。著書に、『中古を買って、リノベーション。』（東洋出版）があり、プライベートでは小学生の男女双子の母として奮闘中。

住まい方革命

2023年5月22日　第1刷発行

著者	谷島香奈子
発行者	鈴木勝彦
発行所	株式会社プレジデント社 〒102-8641　東京都千代田区平河町2-16-1 平河町森タワー13F https://www.president.co.jp/　https://presidentstore.jp/ 電話　編集（03）3237-3732 　　　販売（03）3237-3731
デザイン	草薙伸行（Planet Plan Design Works）
カバー・本文イラスト	山本重也
編集	桂木栄一
編集協力	有限会社メディア・サーカス　谷口のりこ
制作	関 結香　佐藤隆司
販売	高橋 徹　川井田美景　森田 巌　末吉秀樹
印刷・製本	凸版印刷株式会社

ISBN978-4-8334-2500-1